高等教育管理信息化建设研究

张宗业 吴 萌 陈宪恩 著

北方联合出版传媒(集团)股份有限公司
万卷出版有限责任公司

图书在版编目（ＣＩＰ）数据

高等教育管理信息化建设研究 / 张宗业, 吴萌, 陈宪恩著. -- 沈阳：万卷出版有限责任公司, 2023.7

ISBN 978-7-5470-6289-0

Ⅰ. ①高… Ⅱ. ①张… ②吴… ③陈… Ⅲ. ①高等教育－教育管理－信息化建设－研究 Ⅳ. ①G640

中国国家版本馆 CIP 数据核字(2023)第 110692 号

出版发行：北方联合出版传媒（集团）股份有限公司

万卷出版有限责任公司

（地址：沈阳市和平区十一纬路 29 号 邮编：110003）

印 刷 者：济南文达印务有限公司

经 销 者：全国新华书店

幅面尺寸：170mm×240mm

字 数：150千字

印 张：8.25

出版时间：2024年5月第1版

印刷时间：2024年5月第1次印刷

责任编辑：朱婷婷

责任校对：张 莹

装帧设计：瑞天书刊

ISBN 978-7-5470-6289-0

定 价：48.00元

联系电话：024-23284090

传 真：024-23284448

前　言

随着国家对教育事业的重视和投入的增加，高等教育迅速发展，我国成为世界上高等教育在校学生人数最多的国家。如何树立以提高质量为核心的高等教育发展观，全面提高高校人才培养质量和科学研究水平，以及提高社会服务和文化传承创新能力，是当前高等教育发展的关键。同时，建立适应高等教育大众化的质量观，实施重大发展项目，注重拔尖创新人才的培养，也要培养应用型、复合型和技能型人才。另外，如何提高高等教育的国际化水平和管理水平，应对新情况、新问题，是新形势下高等教育发展所面临的新挑战。

近年来，我国高等教育管理面临新的挑战，传统的集中、统一的行政化管理模式已经不能适应新形势下的高等教育发展，成为制约其发展的重要因素。因此，转变高等教育管理方式，建立新的管理理念和模式，具有重要的理论和现实意义。这需要从高等教育管理的理论研究、体制探究、信息化建设等方面进行深入研究，以实现高等教育在质量、创新、国际化等方面的全面提升。同时，需要充分发挥市场机制的作用，引导高等教育发展，推动高等教育信息化管理，适应新时代高等教育发展的要求。

随着科技的不断发展，信息技术在高等教育中扮演着日益重要的角色。现代化的高等教育管理需要借助信息化技术，实现教育资源的共享、教学内容的优化和学生学习体验的提升。通过充分利用信息化技术，高校可以提供更优质的教育资源和服务，培养具备创新能力和适应新时代要求的人才，为社会和国家的发展做出积极贡献。因此，高等教育管理的改革和创新至关重要。笔者对我国高等教育管理的未来发展进行了展望，提出了一些具体的建议和策略，以期为实现中华民族伟大复兴的宏伟目标，进一步提升我国高等教育的质量和水平添砖加瓦，为推进我国经济社会发展做出积极贡献。

由于作者水平有限，加之时间紧促，书中错误和不足之处，敬请广大读者批评指正。

目　录

第一章　高等教育管理概述

在高等教育领域，管理被视为一门专业化的学科，旨在提高学校和院系的组织效能、资源利用和目标实现效率。高等教育管理涉及规划、组织、领导、控制和评估等方面的实践，以确保教育机构的正常运行和发展。

第一节　高等教育管理的定义

在高等教育领域，管理被视为一门专业化的学科，旨在提高学校和院系的组织效能、资源利用和目标实现效率。高等教育管理涉及规划、组织、领导、控制和评估等方面的实践，以确保教育机构的正常运行和发展。

一、管理的一般概念

管理是一种在特定环境下，对组织资源进行有效计划、组织、领导和控制的过程，以完成组织目标。在学科体系理论研究中曾提出，管理是人们依据社会发展的客观规律，有意识地调节社会系统内外各种关系和资源，以达到系统目标的过程。虽然这两种表述略有差异，但并不矛盾。前者更为简洁直观，后者则更加宏观，从社会系统的角度和方法进行表述。

这一表述的含义包括以下三方面：

（1）管理是一项有目的、有意识的活动过程，旨在实现组织的目标。管理是任何组织必不可少的，但它不是独立存在的。只要有组织和活动，就会有管理问题。管理本身没有自己的目标，也不存在为管理而管理。管理的存在是依附于活动的，组织活动的目标就是管理的目标。管理的目标是服务于组织目标的，以达到组织活动的有效性和效率。

（2）管理是综合运用组织中各种资源要素，通过计划、组织、控制等来实现组织目标的过程。因此，管理活动需要一系列相互关联的资源要素来支持。实现组织目标是管理工作的基本职能之一，也是管理工作的最终目的。

（3）有效的管理是在一定环境条件下进行的，因为管理工作是依附于环境条件而存在的一种社会活动。尽管管理活动应该按照自己的规律进行，但实际上现实中的资源不是孤立存在的。现代管理可从多个方面进行分类：一是从活动的规模与大小划分为宏观管理和微观管理；二是从具体的活动内容划分为综合管理和专项管理；另外，从管理形式上划分为紧密管理和松散管理。这些划分都是相对的，不是绝对的。

二、管理的基本理论

管理理论涵盖了许多方面，随着现代社会的不断发展，管理理论不断创新和发展。系统管理理论、人本管理理论和目标管理理论等，是众多管理理论中的一部分，它们不仅仅是管理的理论，也是管理的思想和方法。这些管理理论通过系统性、人性化和目标导向的管理方式，为组织的有效运作和发展提供了指导和支持。

（1）系统管理理论。系统管理理论认为，管理的任务是协调系统中的各个子系统及其要素，以达到最佳运行效果。这种理论将管理看作一个整体的系统，并将系统要素定义为人、物、活动及其项目。它在大型军事战略、建设工程和大型活动等复杂项目的管理中得到了广泛应用。它的核心思想是通过不断协调、调整和优化系统中的各个子系统，以实现系统的稳定运行和最优效果。当然，这些理论也可以应用到小规模的项目中。

（2）人本管理理论。人本管理理论是以人为核心的管理理论，它注重人的权利和利益的分配，以挖掘人的最大化潜力的目的。这种管理理论存在着矛盾，既要尊重人，又要充分发挥他们的潜能。人本管理理论的实质是管理者和被管理者之间的合作和协调，其中包括管理者激发被管理者的积极性和被管理者充分发挥自身的潜力。人本管理理论在现代管理中具有重要的地位，能够提高组织的效率和被管理者的工作积极性，实现共赢的局面。尽管人本管理理论早已提出，但在实践中的成功应用却不多。传统的人本管理理论强调管理"人"这个要素，因此，对于低素质的人而言，无法有效地运用人本管理理论。因为一个无法管好自己的人也不可能有效地管理他人，更别提运用好人本管理理论了。不过，现代的人本管理理论加入了一些新的元素，如制度管理。这种新型人本管理理论将制度纳入了管理范畴，强调制度管理与人本管理的结合，使得管理更为有效。

（3）目标管理理论。其核心是以实现预先设定的价值目标为基础，同时与利益紧密相关。这种理论和方法与价值理论密不可分，其价值目标的认同和确立是非常重要的。在目标管理中，组织目标的制订要获得所有成员的认同，缺乏认同感的目标是难以实现的。因此，目标管理理论在组织中的应用需要具备价值目标的制订能力、组织成员的参与和沟通能力、及时反馈和调整的能力等。除此之外，目标管理理论还需要与组织的整体战略相结合，协调组织内部各部门之间的利益关系，达到组织整体利益的最大化。

目标管理理论是一种注重结果的管理方法，但这并不意味着忽略管理过程。最新的目标管理理论除了关注价值目标的制订和检验，还强调了过程监督，以确保目标按照既定方向完成，避免问题积累最终导致失败。通过共同的努力，管理者和被管理者可以一步步地朝着既定目标前进。然而，由于目标管理理论是一种刚性的量化管理方法，执行过程也需要遵循相应的规定，这是目标管理理论的特点。此外，目标管理理论在具体应用中还需要遵循公平原则，这是由其刚性管理的本质所决定的。

通常，大型组织系统使用混合管理模式。混合管理是多种管理思想和方法的组合，以适应复杂的管理内容和多样的活动项目。由于活动项目的性质差异较大，单一的管理方式无法进行全盘统领，因此混合管理理论和方法成为一种必要选择。

三、高等教育管理概念

高等教育管理是调配高等教育资源，调节高等教育系统内外的关系，进行计划、组织、领导和控制的过程，以达到既定的高等教育系统目标。

从定义分析，高等教育管理具有下述三层含义：

（1）高等教育管理的依据

高等教育管理依据于高等教育的目的和发展规律。高等教育的目的是为社会提供各级各类的高级专门人才，包括普通高等教育、成人高等教育，公办高等教育、民办高等教育，专科教育、本科教育和研究生教育等不同分类。这些教育的目的和目标是高等教育管理的根本依据。高等教育的管理活动要受到学生身心发展的影响，通过德育、智育、体育、美育等过程，培养全面发展的人才。因此，把人作为社会关系的总和来看待，能够对人的发展有全面的理解，这是高等教育管理的另一个依据。高等教育的管理需要正确认识各级各类教育过程的内在规律，这是实施科学管理的前提。同时，高等教育的发展必须受到社会的经济、政治、文化等多重因素的制约和服务，包括生产力和科学技术的发展水平、社会的制度和文化传统等。所以，无论是国家制订高等教育政策，还是高等学校培养人才的过程，都必须遵循高等教育的目标和发展规律，这是高等教育管理的出发点。只有根据客观规律来管理高等教育，才能实现高等教育的可持续发展和为社会提供各级各类高级专门人才的目标。

（2）高等教育管理的任务

高等教育管理的任务是有意识地调节高等教育系统内外各种关系和高等教育资源，以适应高等教育系统发展的客观规律。这是因为高等教育系统是国家或者地区社会系统中的一个子系统，高等学校也是一个社会子系统，系统中存在多种矛盾，高等教育管理的任务就是协调并最终解决这些矛盾。在高等教育管理中，需要用系统论的眼光来设计高等教育的整体和各部分之间，学校系统与外部环境之间、学校系统内部的子系统之间的相互关系，树立整体的观念，并通过有效的管理实现系统要素间的整体优化。

（3）高等教育管理的目的

高等教育管理的概念指出了高等教育管理的任务，即调节高等教育系统内外各种关系和资源，以适应系统发展规律。其结果是促成高等教育系统目标的实现。然而，高等教育系统中培养人是根本目的，高等教育管理的目的是围绕该目的展开，协调系统中各种关系和资源，保证目的的实现。因此，高等教育管理只是辅助性的，是一种手段，而不是目的。虽然高等教育管理有自身需要，如效率，但它是为保证高等教育目的有效实现而存在的。

总而言之，高等教育管理的依据包括国家教育方针、发展目标、基本规律，以及社会背景与环境等。通过立法、行政、经济和市场等手段进行协调和控制，以保证高等教育人才培养质量、推动科学文化知识创新、促进社会进步等目标的实现，从而实现高等教育的可持续发展。不论是宏观还是微观层面的高等教育管理都遵循这些依据。

第二节　高等教育管理的体制

高等教育管理体制是指为了有效管理和组织高等教育系统而建立的一套机构和体系。在高等教育领域，管理体制的建立旨在实现权责清晰、分工明确、协同配合的管理机制，以推动高等教育的发展和提高教育质量。

一、高等教育管理体制的含义

（一）高等教育管理体制的概念

高等教育管理体制是指高等教育在管理机构设置、领导隶属关系和管理权限划分等方面的体系、制度、方法、形式等的总称。它与一定的社会制度密切相关，是上层建筑的一部分，反映了历史时期生产力水平和生产关系的发展。高等教育管理体制是整个国家管理体制的重要方面，随着高等教育事业的发展而不断变化。

高等教育管理体制包括三层，即高层管理、中层管理和内部管理。现在通常把前两层称为高等教育宏观管理，第三层称为高等教育的微观管理，即高等学校的内部管理。因此，高等教育的管理体制分为高等教育宏观管理体制和高等学校的内部管理体制。

高等教育体制受国家政治制度、所有制形式、民族文化等因素的制约，因此不同国家的高等教育体制结构表现形式不同。世界各国高等教育的体制结构通常可划分为三种模式。

1.集权型高等教育体制结构

这是一种完全由国家主导的高等教育体制，决策权高度集中于最高层的中央政府。中央政府通过计划、法律、命令、拨款、监督和行政手段直接调节高等教育系统的管理体制。

2.分权型高等教育体制结构

这种管理体制是指高等教育系统的决策权不由中央政府集中行使，而是由地方政府或利益集团独立决策。需要注意的是，这种体制的具体形式和特点因国家而异。

3.混合型高等教育体制结构

中央与地方共同承担高等教育的发展责任，这种管理体制下，双方均拥有高等教育的决策权，共同管理高等教育。

（二）高等教育管理体制的形式

高等教育管理体制根据现代高等教育发展的要求，可以分解为下列形式：

1.高等教育领导体制

高等教育领导体制是高等教育的组织机构，包括高等教育行政领导体制和高等学校内部领导体制。高等教育行政领导体制主要解决国家党政对高等教育实施领导权力分割和运作方式的问题，涉及党政与高等学校之间的关系。而高等学校内部领导体制则主要解决高等学校内部的权力分割和运作方式问题，包括党政与学术之间的关系。高等教育领导体制的核心是高等教育领导权力的配置方式，其行为规范包括高等教育法规、政策文件、行政管理规定等。

在市场经济体制下，高等教育领导体制是由政府、社会和学校三个利益主体构成的，他们分别承担着不同的职责和权益。建立高等教育领导体制需要同时加强中央政府对高等教育的领导和政府对高等教育的分级管理，并确保高等学校有充分的办学自主权和适应社会经济、政治变化和发展的能力。政府应该通过立法、经费调配等间接手段来管理和领导高等教育，避免过多采用直接行政手段进行控制，使高等学校能够迅速、灵活、准确地对复杂多变的市场经济做出反应，并培养社会需要的各种高层次专业人才。

2.高等教育投资体制

社会主义市场经济体制的特点要求高等教育的投资体制做出改变。高等教育办学主体已从单纯的国家包办向国家、社会和个人多种主体并存的方向发展，高等学校应享有一定的经费自主权。投资渠道也应多元化，包括政府财政拨款、学费、科研创收、社会服务报酬、校办产业收入、企业和个人投资以及海内外捐赠等。这将成为未来我国高等教育投资的基本形式。

3.高等教育教学体制

高等学校的专业与课程设置是与市场经济体制关系最为密切的教育、教学活动之一。计划经济体制下的统一课程设置难以满足市场需求，而社会主义市场经济体制的确立要求高等学校的教育、教学体制朝向国家和政府宏观调控、学校自主办学、社会积极参与和学生适当自由选择相结合的方向发展。这就要求高等学校在专业设置和课程设计上能够灵活适应市场需求，同时建立自主适应市场的教育、教学机制，以培养出更符合社会需求的人才。

4.高等教育招生、就业体制

在社会主义市场经济体制下，计划经济条件下的统一招生和分配体制已经不适应市场经济的需求。为此，需要建立和健全高等教育招生和毕业生就业的新机制，同时扩大高校的自主权。新的招生和就业体制应该是国家统筹规划、地方因地制宜、学校自主灵活、个人自由选择相结合的，以便更有效地实现人才资源的合理配置和流动。政府在这方面的职责将从下达指令性指标向用经济杠杆和相关政策进行宏观调控和引导的方向转变。

5.高等学校内部管理体制

社会主义市场经济体制要求高等学校建立高效的内部管理体制，提高办学和工作效率。高等学校应打破计划经济体制下平均主义和吃大锅饭的状况，充分发挥各个部门和个人的作用，合理配置和利用各种资源，建立起优胜劣汰，兼顾整体、部门和个人利益的内部运行机制。这有利于高等学校在市场经济的竞争性中更好地发展。高等学校的内部管理应实现权力合理分配、规范管理、高效运转，以确保高等学校能够更好地履行其服务国家经济和社会发展的职责。

二、高等教育管理体制的功能

（一）高等教育管理体制的主要功能

高等教育管理体制主要有以下四个功能：

1.规划、立法、协调、指导高等教育发展，使之与社会政治、经济、科技、文化发展相适应，确保高等教育在整个社会系统中的应有地位。

2.经费筹措及拨款，解决高等学校办学经费问题，体现政府对高等教育发展的导向作用。

3.评估、监督高等学校的办学方向、办学水平、办学质量，保证高等教育质量。

4.协调、指导高等教育系统内部各个子系统间的相互配合、协调发展，以保证高等教育系统的顺利运行和稳定发展。

（二）科学设置高等教育管理体制的原则

为了高效优化高等教育管理体制，应当遵循以下原则：

1.兼收并蓄的原则

我国现行的高等教育管理机构是根据我国历史和近现代高等教育发展的需要而不断调整完善的，同时吸收了国际上其他国家的经验。在这个过程中，我们形成了具有中国特色的高等教育管理机构体系。该体系一直在不断地发展和完善，以适应高等教育发展的新要求和新形势。

2.分工明确又互相协调的原则

分工明确的概念有两个方面：一是指各级管理机构职责分明，二是指同级管理机构内各部门之间分工明确。这样的机构设置可以避免职责不清和决策混乱，提高管理效率。此外，上下级之间和各部门之间也需要协调和配合，而不是各自为政，这有助于形成协同效应，使管理工作更加顺畅和高效。

3.宏观控制与微观搞活相结合的原则

要确保高效的管理体制，必须清晰地划分管理层次和控制范围。各级管理机构和部门都必须明确其职责，上级管理机构需要明确管控的层次和范围，部门也需要清晰知晓自身应当控制的范围。只有明确管理层次和控制幅度，才能更好地处理宏观控制和微观搞活的关系，同时也是机构设置的理论基础。

4.精简机构、提高效益原则

随着高等教育的快速发展，常常需要增设管理部门。但按照高等教育发展的规律，采用科学的管理手段，会发现有些机构的职能重复或交叉，需要进行调整和合并，以使其运作更加高效和优化。只有这样，机构才能真正做到精简，从而实现提高效益的目标。

三、高等教育管理体制的制约因素

高等教育管理体制必须与国家的经济、政治、科技体制相匹配，这是由高等教育的外部关系所决定的。高等教育的性质决定了它必须服务于社会的经济、政治、文化发展，并受到社会的制约。与基础教育相比，高等教育与经济、政治、文化和科技之间的关系更加紧密。在与这些领域的关系中，经济是基础，经济基础决定上层建筑。

经济体制是生产关系的实现形式，计划和市场是资源配置的不同方式，虽然没有社会制度属性，但总与基本制度结合在一起。社会主义市场经济体制必然对教育体制产生决定性影响，因此高等教育管理体制应与经济体制相适应。

（一）高等教育管理体制在很大程度上受经济体制制约

高等教育与社会经济密不可分，经济为高等教育提供了办学资源，而高等教育则为经济发展培养专门人才和研究科技成果。由此可见，经济体制对高等教育管理体制有着至关重要的影响。过去实行的高度集中、过度管制的高等教育管理体制与计划经济体制相适应。如今，我国已经实行了社会主义市场经济体制，高等教育的办学资源、专门人才和科技成果必然会受到市场资源配置的影响。

（二）政治体制对高等教育管理体制起决定的作用

高等教育是文化的一种形态，而文化反映了社会的政治和经济情况。在这两者中，经济是基础，政治则是经济集中的表现。因此，政治体制改革和经济体制改革应该相互依赖、相互配合。如果只实施经济体制改革而不进行政治体制改革，经济体制改革也难以取得成功。最终，所有的改革的成败还是取决于政治体制改革的成果。

1.高等教育管理体制改革更要依赖于政治体制改革

过去的高等教育管理体制过于严格，限制较多，这是与高度集中的计划经济体制相适应的，但也直接取决于高度集权的政治体制。高等教育管理一直是政府行政管理职能的一部分，政府应解决好如何划分行政权力以及如何管理高等学校作为事业单位这一问题。

2.高校应成为具有法人地位的实体

政治体制改革是高等教育管理体制改革的重要内容，因为只有政治体制改革才能真正使高等学校成为具有法人地位的办学实体，扩大其办学自主权，并处理好在高等教育管理上中央集权和地方分权的关系，而简政放权是这一过程中的一个重要举措。因此，不进行政治体制改革，高等教育管理体制改革也无法得到解决。

3.国外高校的地方分权制和中央集权制

发达国家的高等教育管理体制存在显著差异，尽管都是市场经济国家。例如，美国实行地方分权制，由州政府管理高等学校，学校具有较大的自主权。相比之下，法国实行中央集权制。这种差异主要取决于政治体制。因此，一个国家的政治体制对其教育体制具有重要的决定作用。尽管政治体制和经济体制密切相关，但经济体制不能直接或完全决定教育体制，仍需要政治体制发挥中介作用。

（三）科技体制对高等教育体制有重大影响

高等学校在科技研究领域扮演着重要角色，尤其是重点高等学校。在科技体制改革中，中央的方针、科技拨款制度、技术市场和信息市场的建立，以及竞争机制的引入等改革措施，都对高等学校产生了重要影响。科研任务公开招标、优选承担单位等制度的实施，也促进了高等学校在科学研究中的作用。

由此可见，高等教育管理体制与经济、政治、科技体制相适应，受文化传统影响。

高等教育的社会功能多种多样，不仅要考虑短期需求，还需考虑国家长远整体需求，特别是为了促进人的身心全面发展。因此，高等教育管理体制必须适应高等教育自身的规律和发展趋势。

第三节　高等教育管理的发展趋势

随着全球经济一体化和知识经济的兴起，世界高等教育正在经历重大变革，包括规模扩大、形式多样、资金来源多元化、绩效和责任制的强调以及对经济发展的贡献。全球高等教育的趋势是实行多元化的办学体制，强调高等教育的社会功能，倡导终身学习和密切与企业合作。在这种背景下，中国的高等教育也发生了翻天覆地的变化。为了适应我国经济社会的发展需求，我们需要不断提高高等教育和人才培养的质量，推进科学研究水平，加强社会服务能力，优化高等教育结构，打造特色办学，以满足不断变化的需求。

一、世界高等教育发展的现状

随着经济全球化和知识经济的发展，世界高等教育正在深刻变化，表现在规模、结构、资金、绩效和经济贡献等方面。

（一）高等教育规模的持续增长

根据联合国教科文组织的数据，东亚和太平洋地区的高等教育规模增长速度最快，年均增长率为 8.1%，其次是非洲撒哈拉沙漠以南地区（7.2%）、南亚和西亚地区（6.8%）、拉丁美洲和加勒比地区（5.1%）、中欧和东欧地区（5.0%），而北美和西欧地区增速较低，不到 1.9%。此外，联合国教科文组织将在校学生超过百万人的高等教育体系称为"超大型体系"，中国大陆、印度、印度尼西亚、伊朗、巴西、墨西哥、阿根廷、波兰、乌克兰等发展中国家的高等教育规模增长迅猛。

根据世界银行专家的分析，高等教育发展的原因有多个方面，其中包括政治和社会民主化、公立高等教育部门的发展、白领阶层的增长需求、新兴工业经济对高技能和高等教育劳动者的需求、对经济发展的认知和教育自身的吸引力等。这些因素共同促进了全球高等教育的发展，使得高等教育在构成新型福利国家、可持续发展和法治化民主社会等方面扮演了重要角色。

（二）高等教育结构与形式的多样化

世界高等教育正在呈现出多元化的趋势，许多国家都在选择推进高等教育的多样性。公立大学和综合性大学的作用越来越突出，私立大学和民办大学成为不可忽视的力量，网络大学快速发展。同时，许多国家和高等教育机构正在对教学、培训和学习方式进行深刻改革，以适应新时代的需求，提高高等教育质量。

1.非传统大学的发展和教育课程的多样化

如许多国家建立了如中介组织的新型传统大学的替代性机构，促进了非传统大学的发展。

因为要保障高等教育的质量，就必须协调高等教育与社会、政府的关系，以高等教育评估为纽带，将高等教育机构、社会和政府联系起来。在这个过程中就需要发挥中介机构的重要作用。各国的质量保障机构都由中介机构来承担，政府相关机构则会对中介机构给予一定的资助，并委托中介机构评估和审核高校的教育教学质量。因此，中介机构作为高等教育的评估机构，必须保障学术权威性、公正性和独立性，能够独立、客观、公平地开展各项评估工作。作为一种社会组织，中介机构能够对高等教育机构、社会和政府之间的关系进行协调，减少三者间的冲突。

2.私立教育机构的发展

高等教育需求快速增长，而公共资源有限，使得私立高等教育机构在许多国家蓬勃发展。

3.新型的学习和传授方式更加多元化

随着远程教育、网上学习等灵活的学习方式的发展，更多的学生获得了入学的机会，同时也满足了多样化的学习需求。尽管部分珍视传统的大学对这一变革有所抵触，但整体而言，世界高等教育已经经历了较短时间内的重大变革，实现了结构与形式的多样化。

当前，高等教育面对的学生群体已经变得越来越多样化。大多数国家的学生社会经济背景、种族和前期教育的构成也发生了变化。高等教育机构吸纳了大量非传统的学生，这些学生可能不是直接从中学毕业的，可能来自非主流社会群体，也可能选择非全日制、以课堂为基础的学习方式。这种多样化反映了对高等教育的不断增长及随之而来的大规模发展的社会需求。

4.促进高等教育多样化的原因

高等教育的多样化趋势是内外因素共同作用的结果：①社会对高等教育需求增加，包括全民终身教育，也要求高等教育机构提供更加多元化的课程与学习方式；②劳务市场的需求在不断变化，高等教育机构需要不断更新培训内容以适应经济的变化；③新的信息与传播技术的快速发展，也为高等教育提供了更加灵活的学习方式和多样化的教学手段；④公共高等教育经费的减少也促使高等院校探索更加高效的融资方式。

（三）高等教育资金筹措方式的多元化

随着全球高等教育规模的不断扩大，高等教育资金短缺成为全球性问题。传统观念认为，政府应该承担高等教育费用，但现实中，各国实际财政拨款却无法跟上高等教育学生人数迅速增加的步伐，导致高等教育费用越来越昂贵。为了解决高等教育财政危机，一些国家采取了政府投资、吸引社会资金和教育成本分担等措施。同时，一些高等教育机构开始寻求其他融资方式，如利用科研成果获得收益、吸引企业赞助和发展在线教育等。这些措施不仅提供了更多的资金保障，还推动了高等教育的多元化和创新发展。

1.加大政府投入

自 20 世纪 80 年代以来，全球政府在公共教育上的投资已经增加了近一倍。一些发达国家和新兴工业化国家的教育投入已经超过了其国内生产总值的 5%。教育在政府总开支中所占比例和高等教育在教育公共经常开支中所占比例均呈现上升趋势。

2.广泛吸纳社会资金

在某些国家，高等院校可以通过针对特定政策目标的项目来获取公共资金，例如引入创新课程、改进管理实践和增强与周边社区的合作等。以项目为基础的定向拨款通常采用竞争或对项目书进行评估的方式进行；而分配给高等院校的大型项目资金更加关注产出效果。在许多国家，高等学校获得的公共资金拨款方案与学生毕业率相关。此外，科研基金通常采用竞争程序，而不是定向拨款给特定项目。

3.采取收取学费等举措

近年来，为了增加学校的财政来源，不少国家采取了一系列措施。其中，一些国家通过提高学费和收费来增加学校的财政收入。另外，科研商业化和机构设施与人员使用的商业化也成为一种重要的途径，以调动私人资源。据报道，美国高校的经费投资体制相当多元化，可以从多个途径获得直接或间接的办学经费，例如：免税政策，联邦政府、州政府和地方政府拨款，捐款，学费收入，大学基金收益，各类基金会资助，留学生或海外办学，提供社会服务和产学结合，校内附属事业等。这些举措的实施对于高等教育财政的稳定和可持续发展起到了积极作用。

（四）高等教育绩效责任日益被重视

自 20 世纪 80 年代起，高等教育质量保证成为一个重要议题。美国通过明确的高校分类标准来解决高等教育大众化带来的数量与质量之间的矛盾。英国成立了"质量保证局"，通过评估与监督提高课程设置及其内容的学术标准，来提高高等教育的质量与效率。韩国推行"中期淘汰""毕业定额制"，通过兴办实验大学和教学管理改革，提高了教学质量。这些国家在不同方面进行改革以提高高等教育的质量。

证据显示，高等教育的扩张引发了高等教育公共支出规模和方向的问题。然而，高等教育的社会利益使得成本增长合法化，因此高等教育的质量得到了基本的保障。

由于公共资金有限，政府必须面对减少预算和紧缩管理的压力，这也不可避免地影响了高等教育的质量和产出。另外，市场压力的增加也促使高等教育增强其绩效责任。在美国，家长和学生反对大幅提高学费，要求高等教育机构进一步加强质量和绩效责任，并进行成本核算。因此，高等教育已经变得更加受消费者的驱动。

二、世界高等教育的发展趋势

近年来，全球范围内高等教育发展的基本趋势表现为办学体制多元化，社会功能更加突出，高等教育逐渐走向终身化并与企业界建立了更为紧密的合作关系。虽然各地区及各国情况不尽相同，但高等教育的变化趋势是共同的。

（一）高等教育办学体制由单一向多元转变

教育和人才已成为全球经济增长的决定性因素。然而，以政府为主出资办教育或由全日制学校独揽教育职能的格局已无法满足社会经济对教育和人才的需求。各国高等教育大众化的发展过程都鼓励多种形式的办学，如开放大学、广播电视大学、成人继续教育学院等。可以预见，无论在发达国家还是发展中国家，普及高等教育的发展趋势将或早或晚地出现。这是中等教育的普及、社会公正性和全民终身教育的客观要求的结果。

新的教育技术和传播方式为高等教育提供了更多机会，这也为新的社会群体接受高等教育提供了更多可能性。这种普及的方式会使更多的人接受某些形式的高等教育或中等教育，扩大每个公民获得高级培训、技能和知识的机会。此外，这种普及方式不仅是全新的，而且日益多样化。

（二）高等教育社会化功能愈加突出

随着高等教育在社会中的地位逐渐提升，它在不同领域扮演着各种角色，包括提供决策咨询、经济和社会发展的技术支持、为社区建设和不同人群提供各种服务等，从而推动社会的全面进步。这种角色的转变使高等教育不断创新和更新教育形式，提高服务社会的使命感和责任感，并增强自身的前瞻性和自觉性。

（三）高等教育将成为终身教育的一个组成部分

随着科技和经济的迅速发展，人类所掌握的知识和科学门类不断扩充。根据权威机构的调查，目前全球已有2000多种科学门类，此外，人类每年的知识增长速度也在不断加快。因此，大学生在求学期间获得的知识在毕业后就会迅速过时，毕业只是个人学习之路的起点。这也就意味着，终身学习将成为人们持续提高自身能力的重要途径。在此背景下，各种高等教育形式将贯穿人们整个职业生涯，以适应时代发展的需要。

现如今，欧美和亚洲一些国家和地区已经发展出了相当普遍和颇见成效的终身学习体系。这种变革意味着高等教育必须更加多样化和灵活，以适应社会需求和愿望的变化。学校需要具备快速满足新需求和预测需求的能力，灵活多变的结构和录取标准，并考虑职业经验。开放式学习方法、远程教育和信息技术为高等教育实践终身教育提供了可能性，同时为一些新的社会群体接受高等教育提供了更多的可能性。

（四）高等教育将进一步国际化

高等教育国际化反映在教学和科研方面的全球性，因为知识具有普遍性，所以其深化、发展和传播使得学术生活、学校、科学协会和学生组织具有国际特色。国际化表现在世界化的课程内容、交换学习经验和情报、参与世界学术活动和合作研究、交换学者和互派留学生，以及国际互联网的建立。高等教育国际化有助于缩小国家和地区在科技方面的差距，增进人与人之间和民族之间的了解，有助于构建和谐的全球社会。

（五）高等学校与企业界密切合作

传统大学经过几百年的发展，具备教学、科研和服务三大职能，但长期以来它们与企业界缺乏联系。然而，20世纪七八十年代以来，科技快速发展把高等学府推向新科技革命前沿，成为国家科技创新的主力军，但教育经费却不断减少，因此与企业界建立联系变得必要。

1981年，英国的大学率先改变"反商业"的观点，开始积极与企业界联系。例如，英国沃里克大学成立了沃里克制造业集团，开设了工商管理硕士和行政官员训练课程，成立了会议中心和沃里克科学园区等单位，从而获得了大量资金和学科的发展，并成为"英国最受欢迎的大学之一"。与此同时，法国、美国等国的大学也在20世纪七八十年代开始加强与企业界的联系。

1989年，法国通过了《高等教育法》，强调大学应将科研转变为生产力，鼓励面向社会，提供科技服务以满足工业界的需要。美国白宫科学委员会在1986年提出了《重建伙伴关系》的报告，强调大学与工业界的相互关系。在这一思想的推动下，国家基金会在大学建立了一批工程研究中心。

由于教育机构（尤其是科技人才密集的名牌大学）开始对产业活动进行主动介入，校办科技型企业兴起，学校品牌和收益也开始被积极追求，同时教育界"产业意识"觉醒和"企业家精神"也逐渐增强。这种趋势不仅开拓了高等教育的财源，也拓展了大学的教学和研究领域，促进了大学的发展。

三、我国高等教育的发展任务

2010年7月，我国颁布实施的《国家中长期教育改革和发展规划纲要（2010—2020年）》（简称《纲要》），对新形势下我国高等教育的发展提出了明确的目标和要求。

《纲要》指出："当今世界正处在大发展大变革大调整时期。世界多极化、经济全球化深入发展，科技进步日新月异，人才竞争日趋激烈。我国正处在改革发展的关键阶段，经济建设、政治建设、文化建设、社会建设以及生态文明建设全面推进，工业化、信息化、城镇化、市场化、国际化深入发展，人口、资源、环境压力日益加大，经济发展方式加快转变，都凸显了提高国民素质、培养创新人才的重要性和紧迫性。中国未来发展、中华民族伟大复兴，关键靠人才，基础在教育。面对前所未有的机遇和挑战，必须清醒认识到，我国教育还不完全适应国家经济社会发展和人民群众接受良好教育的要求。教育观念相对落后，内容方法比较陈旧，中小学生课业负担过重，素质教育推进困难；学生适应社会和就业创业能力不强，创新型、实用型、复合型人才紧缺；教育体制机制不完善，学校办学活力不足；教育结构和布局不尽合理，城乡、区域教育发展不平衡，贫困地区、民族地区教育发展滞后；教育投入不足，教育优先发展的战略地位尚未得到完全落实。接受良好教育成为人民群众强烈期盼，深化教育改革成为全社会共同心声。"

对我国高等教育的发展，《纲要》提出："到 2020 年，基本实现教育现代化，基本形成学习型社会，进入人力资源强国行列。实现更高水平的普及教育。基本普及学前教育；巩固提高九年义务教育水平；普及高中阶段教育，毛入学率达到 90%；高等教育大众化水平进一步提高，毛入学率达到 40%；扫除青壮年文盲。新增劳动力平均受教育年限从 12.4 年提高到 13.5 年；主要劳动年龄人口平均受教育年限从 9.5 年提高到 11.2 年，其中受过高等教育的比例达到 20%，具有高等教育文化程度的人数比 2009 年翻一番。"

在《纲要》的总体战略部分，对我国高等教育的发展明确提出了 5 个方面的发展任务。

（一）全面提高高等教育质量

《纲要》指出："高等教育承担着培养高级专门人才、发展科学技术文化、促进社会主义现代化建设的重大任务。提高质量是高等教育发展的核心任务，是建设高等教育强国的基本要求。到 2020 年，高等教育结构更加合理，特色更加鲜明，人才培养、科学研究和社会服务整体水平全面提升，建成一批国际知名、有特色、高水平的高等学校，若干所大学达到或接近世界一流大学水平，高等教育国际竞争力显著增强。"

（二）提高人才培养质量

高等教育的核心任务之一是培养高素质的专门人才和拔尖创新人才。为了实现这一目标，高校应该将人才培养置于中心地位，并注重学生的品德、知识和技能的全面发展。

1.加大教学投入

将教学作为教师考核的重要内容，提高教师教学质量和水平。加大校内外实践基地建设，改进课程教材。

2.深化教学改革

加强学分制和弹性学制的推行，促进学科交叉和多元发展。鼓励学生参与科研，加强实践教学。增强就业指导服务，推动高校与企业合作培养人才。加强本科教学质量与教学改革工程的实施。

3.严格教学管理

建立健全教学质量保障体系，提高高校教学评估的科学性和客观性。引导学生积极主动学习，提高学风和诚信意识。

4.大力推进研究生培养机制改革

建立科学与工程技术研究为主导的导师责任制和导师项目资助制，实行"双导师制"和推行研究生教育创新计划。加强博士生培养质量管理。

（三）提升科学研究水平

为促进我国高等教育体系的科技创新和人才培养，需要充分发挥高校在国家创新体系中的重要作用。高校应当在知识创新、技术创新、国防科技创新和区域创新等方面积极作为。这需要加强自然科学、技术科学、哲学社会科学研究的力度，坚持服务国家目标与自由探索相结合，加强基础研究和应用研究，以重大现实问题为主攻方向。同时，需要推动高校创新组织模式，培育跨学科、跨领域的科研与教学相结合的团队，加强科研与教学互动和与创新人才培养相结合，充分发挥研究生在科学研究中的作用。此外，还需要加强高校重点科研创新基地与科技创新平台建设，完善以创新和质量为导向的科研评价机制，积极参与马克思主义理论研究和建设工程，深入实施"高等学校哲学社会科学繁荣计划"，促进高校、科研院所、企业科技教育资源共享，推动高校的科技创新和人才培养工作迈上新的台阶。

（四）增强社会服务能力

高校应该充分认识到主动为社会服务的重要性，推进全方位的服务工作。其中，产学研用结合是一项重要举措，可以加快科技成果的转化和校办产业的规范发展。同时，高校还应该为社会成员提供继续教育服务，并开展科学普及工作，提高公众的科学素质和人文素质。另外，高校还应该积极推进文化传播，弘扬优秀的传统文化，发展先进文化。在决策咨询方面，高校可以主动开展前瞻性、对策性的研究工作，充分发挥智囊团和思想库的作用。此外，高校还应该鼓励师生开展志愿服务，积极回报社会。

（五）优化结构办出特色

高等教育的发展需要紧密结合国家和区域的经济社会发展需求，因此需要建立动态调整机制，不断优化高等教育结构。优化学科专业、类型、层次结构，促进多学科交叉和融合，特别是要加强应用型、复合型和技能型人才培养，以满足现代产业的需求。同时，还应该加快发展专业学位研究生教育，为社会提供更多专业、技能型人才。优化区域布局结构，设立支持地方高等教育专项资金，实施中西部高等教育振兴计划，以及新增招生计划向中西部高等教育资源短缺地区倾斜，扩大东部高校在中西部地区招生规模，加大东部高校对西部高校对口支援力度，推进高等教育的多元发展，着重支持东部地区高等教育的发展，建立军民结合的军队人才培养体系。鼓励高校根据自身优势和特点办出特色，建立分类管理体系，充分发挥政策指导和资源配置的作用，避免同质化倾向，实现办学理念和风格的多样性，以期在不同领域、不同层次实现一流水平的目标。

为加快建设一流大学和学科，可以以重点学科建设为基础，继续实施"985工程"和优势学科创新平台建设，并启动特色重点学科项目，改进管理模式，引入竞争机制，实行绩效评估和动态管理。同时，鼓励高校优势学科面向国际，参与和设立国际学术合作组织、国际科学计划，与境外高水平教育、科研机构建立联合研发基地，加快创建世界一流大学和高水平大学，培养拔尖创新人才，形成国际领先的原创性成果，为提升我国综合国力做出贡献。同时，可以鼓励学校发挥特色和优势，建立分类管理体系，定位明确，避免同质化倾向，形成各自的办学理念和风格。

《纲要》提出了完善中国特色现代大学制度的要求，其中包括完善治理结构，健全议事规则与决策程序，依法落实党委、校长职权，以及完善大学校长选拔任用办法等措施。公办高等学校应坚持和完善党委领导下的校长负责制，并充分发挥学术委员会在学科建设、学术评价、学术发展中的作用。

通过探索有效途径，加强教授的教学、学术研究和学校管理作用。发挥教职工代表大会、学生代表大会的作用。高校应依法制订章程，规范管理，并尊重学术自由，创造宽松的学术环境。

实施聘任制度和岗位管理制度，建立科学的考核评价和激励机制。加强社会合作，建立高等学校理事会或董事会，促进社会支持和监督学校发展。推动高等学校与行业、企业合作共建模式，加强与科研院所、社会团体的资源共享，提高服务经济和社会发展的能力。

推进高校后勤社会化改革，鼓励学校委托社会力量开展后勤服务和设施管理。加强高等教育质量评价，推进专业评价，引导学校注重质量和水平。建立科学、规范的高等教育评价制度，探索国际评价机构合作，形成适合中国特色的学校评价模式。建立高等学校质量年度报告发布制度，定期公开学校办学质量情况。

四、我国高等教育的发展趋势

我国高等教育的改革面临新的任务。

（一）在发展方向上

我国高等教育的未来将致力于提高教学质量。提高教学质量一直是各级各类学校办学的主要目标。自 2003 年起，教育部开始实施"高等学校教学质量与教学改革工程"，并将提高教学质量作为每年的重点工作。此后，更大规模的"教学质量工程"也相继启动。

《纲要》提出:"高等教育承担着培养高级专门人才、发展科学技术文化、促进现代化建设的重大任务。提高质量是高等教育发展的核心任务,是建设高等教育强国的基本要求。到 2020 年,高等教育结构更加合理,特色更加鲜明,人才培养、科学研究和社会服务整体水平全面提升,建成一批国际知名、有特色、高水平高等学校,若干所大学达到或接近世界一流大学水平,高等教育国际竞争力显著增强。"

（二）在发展路径上

我国未来的发展重心将放在加强世界一流大学和高水平大学的建设上。为了实现长期持续健康的发展,增强自主创新能力,建设创新型国家和人力资源强国,我们必须以更加广阔的视野、更加开放的姿态和更加执着的努力,加快推进建设世界一流大学和高水平大学。为此,我们需要采取强有力的措施,集中国家力量,增加投入,促进我国世界一流大学和高水平大学建设的新发展。

（三）在发展机制上

高校需要注重自我约束和自我发展,建立可持续发展的良性机制来促进高等教育的发展。目前,一些高校仍然注重数量上的发展、规模升级以及更改校名,这表明我国高等教育仍处于不断发展、改革、调整和转型的过程中,也说明高等教育内部尚未完全建立良性的、以提高质量为主的机制。

为了防止和限制过度的外延式发展,我们需要通过制度建设,促使高等学校产生自我约束和自我发展的机制,推进高等学校的健康发展。这不仅需要必要的管理和限制,更需要建立制度,以促进高等学校自我约束和自我发展的机制的形成和完善。

（四）在人才培养上

高校要坚定地将人才培养作为工作的中心,努力培养具有执着信念、优良品德、丰富知识和过硬技能的高素质专业人才和创新型人才。高校需要增加教学投入，确保教学质量。教师应将教学视为首要任务，不断提高教育教学水平。同时，高校还需要加强实验室、校内外实习基地、课程和教材等教学基础设施的建设，提升学生的实践能力。

（五）深化教学改革

要实施弹性学制和学分制，促进文理交融，强化实践教学，并支持学生参与科学研究和创业教育。同时，要建立新的高校与科研院所、行业企业联合培养人才的机制，并全面推进高校本科教学质量与教学改革工程。此外，要健全教学质量保障体系，调动学生的学习积极性和主动性，激励他们刻苦学习，树立诚信意识。另外，需要改进高校教学评估，并加强对学生的就业指导服务。

（六）在改革内容上

政府和高校之间的关系需要平衡，既要保证政府的法定管理职责，又要保障高校的自主权。为此，应进一步深化高等教育体制改革，明确中央和地方政府在高校管理和投资上的职责权限。同时，需要改善政府和高校之间的关系，规范政府和高校之间的权责关系，切实落实高校的自主权。

在高等教育内部，也需要深化体制改革，加强依法治校。要加强高校制度建设，推进高等学校的法治化进程。坚持党委领导下的校长负责制，建立健全高校的领导管理体制、决策、议事和监督机制，发挥教授在治学中的主导作用，保障教职员工和学生参与学校民主管理的权利。此外，也需要加强对高等学校的法律监督，建立完善的法律体系和监督机制，规范高校的行为，维护高等教育的正常秩序。只有政府和高校之间、高校内部各职能部门之间的权责关系明晰、制度健全，才能促进高等学校健康发展。

（七）在组织功能上

高等学校被赋予繁荣社会主义先进文化的重要任务，需要强化其研究力量，发展中国特色社会主义理论体系和文化解释体系。为此，高等学校应该倡导大学精神、建立良好的思想政治和文化建设氛围，为推动社会主义文化的繁荣和创新做出贡献。此外，高等学校也需要对世界形势发展、国际政治经济文化教育现象进行深入研究，对中国特色社会主义的重要问题进行探讨，以努力掌握当代文化发展和意识形态的话语权。同时，应该加强大学文化发展，为推进中国特色社会主义事业贡献智慧和力量。

（八）在新的历史条件下，我国高等学校也发生了新的变化

1.高校功能发生了巨大的变化

高校管理体制变革需要明确高校的新功能定位。高校的三大功能包括人才培养、科学研究和社会服务，但是大学从诞生以来一直聚集着科技和文化精英，通过知识传播、创造以及与社会的互动影响着社会文化，具有引领文化的独特社会功能。如果没有准确理解高校的功能，就无法思考管理体制改革的必要性和创新高校发展模式。因此，需要认真探讨高校管理体制变革，以适应新的功能定位，并发挥大学引领文化的重要作用，为推动社会文化繁荣做出自己的贡献。

高校不仅仅担负着传统的学术职责，传播学术思想和知识体系，还有政治功能，维护和宣传意识形态；社会功能，提升公民素质的社会责任。同时，高校在市场经济下还承担了以人力资源培育为主的经济责任。高校管理体制改革的目标之一是建立调动教师和学生积极性的良好运行机制，以实现高校的四大功能，提高教师和培养学生的综合素质。

2.高校管理权力主体发生了重大变化

在计划经济体制下，政府长期实行对教育事业的集权管理，包括高校在内。然而，随着经济体制改革的不断深入，越来越多的市场主体逐渐介入教育领域，导致政府在教育领域的垄断地位受到动摇。高校管理权力主体的变化，使得社会可利用的教育资源迅速增多。传统的精英教育向大众教育回归，高等教育也从纯公共产品向准公共产品回归，同时提供了更多生产和供给途径。高等教育服务产品的供给途径不仅包括政府提供的公共途径，还包括非政府的市场途径。"政府的公共教育权力受到市场机制的牵制和制约""市场的介入正促成一种新的教育资源分配方式和人才培养模式的产生，教育政策创新需求也随之而生"。

3.作为服务产品的高校教育效用发生了根本性改变

高校教育效用不仅仅是指大学生的求学目标，而是更广泛的含义。在计划经济体制下，高校教育被视为"公共产品"，毕业后成为国家干部，所学知识属于无知识产权的非营利品。然而，在市场经济体制下，大学生求学目标的多元化导致高校教育效用的多重含义。高校教育已经不再是纯粹的公共产品，而是包括私人收益和社会收益在内的准公共产品。

现今，高校教育服务的"效用"已超越提升公民素质，更注重职业技能和创业能力。对大学生而言，高校教育成为实现自我价值的重要手段之一。相较于传统的"公共教育"，高校教育已多样化，更注重效用的实现方式，个人的教育投入产出受边际报酬递减或递增规律的制约。

4.高校教育形式发生了新的变化

随着成人教育、远程教育和网络教育等新形式的涌现，传统的校园式高校教育已不再是唯一的选择。为了适应教育形式的多样化，高校教育形式的变化需要改革传统的教学方式。在高校扩招速度加快、教育资源紧缺的现实下，传统的"满堂灌"教学、注重知识本位培养的"逻辑推理式"教学、偏好于"通用"教材的"本本主义"教学以及教师中心地位的考试制度已不再适用。

高校教学形式正在变革，自由式的课堂讨论、案例教学、多样化的课程和教材、开放式的考试制度等带来新气象。

总而言之，高校管理体制改革立足于高校管理实践之上，旨在推动高校管理体制实现"三个转变"。这些转变包括：把高等教育看作人们的公共服务需求，而不仅是政府单一管制下的社会管理工具；把高等教育看作社会公共事业，而不只是政府的行政职能；把高校看作一个拥有充分自主权的组织，而不再只是政府的部门或附属机构。在这个背景下，高校教育的变革和探索带来了新的要求和挑战，需要更加注重学生的个性化需求和多样化发展，推进教育内容、形式和方法的创新和变革。同时，也需要提高高校管理体制的效率和灵活性，促进高校管理体制与市场经济体制的适应性和协调性，推动高校管理体制改革向更加开放、民主、科学和现代化的方向发展。

第二章　高等教育管理理论

第一节　高等教育管理的本质

高等教育管理的本质是一种特定的行为，它涉及到对高等教育机构的组织、规划、协调和控制等方面的管理活动。作为一种专业化的管理行为，它旨在提高高等教育机构的效率、质量和可持续发展能力。

一、高等教育管理的行为

（一）管理行为

管理活动中的行为具有其特殊的表现形式，它是管理过程和效果的具体体现，过程和效果反映了管理活动的基本特征，那么，要认识管理的这些过程及效果，必须首先分析管理行为，以及这些行为与效果有什么关系。

管理方格理论是由罗伯特和穆登提出来的。基于人们对主管人员的一种要求，即不仅要关心生产而且要关心人的重要意义，他们巧妙地设计了一个方格图以醒目地表示这种"关心"。

他们把这种方格图作为训练主管人员和明确各种领导方式之间不同组合的手段。这种方格有两个维度：横向维度是"对生产的关心"，纵向维度是"对人的关心"。"对生产的关心"一般认为是对工作所持的态度，诸如政策决定的质量、程序与过程、研究的创造性、职能人员的服务质量、工作效率以及产品质量等。"对人的关心"也包括许多因素，诸如个人对实现目标所承担的责任、保持下属的自尊、建立在信任而非顺从基础上的职责、保持良好的工作环境以及具有满意的人际关系等。

（二）高等教育管理中的领导行为

高等教育管理中的领导行为是一种主要的管理行为。这种管理行为同样可以分为两类，创建组织机构的行为和体贴关心下属的行为。高等教育的领导行为所针对的组织系统、组织目标、组织成员、人际关系等都有自己的特殊性，与其他许多社会系统的情况有所不同。比如，高等学校这一层次的管理中，领导者要全力完成的是教学与科研任务，两者又以人才的培养为核心。但是要搞好教学与科研工作，领导者还必须抓好有关的后勤配套工作，需要从各方面关心支持第一线的教学、科研人员。这就是上面所讲的两类领导行为。从理论上讲，领导者可以调整自己的行为，以适应某一特定的环境和任务。在实践中，领导者不能、也不应该只关注某一类行为，而应当根据具体情况决定采取什么样的领导行为。当然，在这种时候，领导艺术是帮助领导者取得成功的必备之物。在宏观高等教育管理中，国家和地方政府对高等教育组织，即高等学校的管理，其中之一就是规范高等教育组织中领导的办学行为，既要按照国家的政策规范办学，又要办出各自学校的特色。这既是矛盾的，又是统一的，最终的目标是一致的。具体地讲，在完成高等教育目标的过程中，各级领导者为实现目标而履行领导的职责时，其关注的行为领域主要有下述几种：

（1）行政领导者的行为。它主要包括各级领导者或管理者作为负责人行使领导职责时的行为。领导者的职责就是对目标的实现或目标的改变所需的集体活动进行激励、协调与指导。如果不能做到这一点，那就是对领导责任的放弃。对高等教育系统来说，系统的目标是非常明确的，国家教育部对国务院负责，各省、市教育行政主管部门的行政领导对省、市党委和领导负责。一般来讲，到了高等教育组织这一层面，组织领导者的行为要对高等教育主管部门负责。各高等教育组织的领导，围绕着高等教育系统目标进行的活动，在形式和内容上各有特色，即使是同一专业、同一课程的教学活动，在各校之间也是不完全一样的，更由于各校的教师、学生在知识水平、能力结构、兴趣爱好、心理需要以及性格特征、校园文化等方面存在着明显的差异，各高校的领导者为完成组织目标而行使领导职责时，所面临的环境条件就各不相同，所采取的领导行为当然也是不相同的。

（2）组织集体中的领导行为。这是指高等教育系统中的各级领导者，要为组织目标的顺利实现创造各种各样的条件，对于组织目标的顺利实现而言，领导者的行为所具有的作用分为直接作用和间接作用两个方面。直接作用包括：创建某些专门的组织机构和程序，指定专门的人选去负责完成某项或某方面的工作，对下属的工作进行检查与督促，聘请某一方面的专家能人等。间接作用包括：不直接参与各类具体的计划，但对计划的制订以及实施过程施加各种形式的影响。譬如，提倡某种领导风格、实施某种奖惩措施、颁布某类晋升标准等做法都会对各项具体工作的开展产生重大影响，虽然领导者尤其是高层领导者没有直接插手具体工作，换句话说，领导者的行为也许可能不会对某些特定的具体活动产生影响（即起直接作用），但却对这些活动顺利开展并取得成功所依赖和借助的各种组织机构、过程和程序产生了影响。例如，各级政府中的教育行政领导，也许并不过问每所高校具体的教学和科研工作，但必须对高校培养人才的方向、规格、基本途径、办学思想等进行指导；大学校长也许并不一定过问某一门课程或某一堂课的具体教学活动及其效果，但他可以影响某个院（系）以及教务部门在课程安排上的指导思想，影响该院（系）的课程计划或课程体系的目标，从而在某种形式上对各门课的教学活动及其效果产生一定的影响。有时候组织集体中的领导行为是无形的，有时候是起直接影响作用的，或者是干扰性作用的，因为领导的影响行为是权威性的。所以，领导行为应该是分层的、积极的、适度的、有效的。

二、高等教育管理的本质

高等教育系统相对于其他社会系统有其独特的活动主体和活动目标，这就使高等教育管理同其他社会系统的管理区别开来，表现出它的特殊性。无论高等教育有多么复杂，无论把高等教育系统分解为怎样的子系统，高等教育系统都必然要求各子系统在目标上协调一致。不仅要求每个子系统的目标与整体目标相协调一致，也要求每个子系统的目标与自己内部的组织成员的个体目标相互协调。更重要的是，每个系统的目标与实现这些目标的条件之间需要相互协调，这就形成了管理活动的整体性和普遍性，即每个系统都需要协调。高等教育系统内部的等级层次性导致了高等教育管理活动也具有层次性，这就形成了一个多层的、多级的、专门的分系统，即集合成高等教育的管理系统。协调就是蕴含于各个子系统之间，对各个子系统的目标设计、资源筹集和分配，分析系统的活动信息，即通过政策、制度和一些技术手段等协调系统成员的活动，以达到系统所设计的目标。从事这些专门活动的管理人员（或称管理者）的活动所构成的有机整体就是管理系统。

管理活动的普遍性（指管理活动作为人类活动的一个重要方面）普遍存在于所构成的各种组织机构中。专门管理者的出现体现出社会系统在结构层次上的性质，表明个人在社会系统中具有的不同位置、作用和性质。管理活动中人是管理的主体，权力是管理系统赖以存在的基础，权力对人的活动的约束性使人们按一定的方式组织起来，以便实现系统的整体目标，也在一定的程度上体现了权力在协调中的作用。协调（调节）是指调整或改善高等学校与校外，以及校内各部门或成员之间、上下左右各方面的关系。就一个国家和地区来讲，把高等教育放到社会的大背景中，政府对高等教育的协调是使高等教育的层次、规模、结构、水平、质量、效益的协调发展，与社会的政治、经济、文化的发展相适应，如果不相适应，就必须进行协调。就高等教育的组织——学校来说，它是高等教育系统中的子系统，学校组织的类型因区域的差别、体制的差别、机制的差异、管理者的差异等出现差异，存在着的矛盾是多种多样的，有总体目标与部分目标之间的、有长期规划与近期打算之间的、有整体利益与部门利益之间的、有组织利益与个人利益之间的矛盾，这些矛盾如果不加以协调和解决，就会影响高等教育系统的运行和发展，也会影响高等教育效益的最优化。高等教育的协调任务与高等教育管理的本质要求是相一致的，体现了高等教育管理的基本矛盾和本质特征。1999年1月1日开始实施的中华人民共和国《高等教育法》，在其第四章、第五章、第六章中明确了高等学校组织和活动的范畴与规定，高等学校应该做什么，有了法律层面上的依据。作为高等学校的管理者，应通过领导的权威性和艺术性来调配和协调组织内部的各种资源，实施有效的管理。

第二节　高等教育管理的功能

在发展过程中，事物对自身或周边其他事物所产生的作用即为功能，功能有积极和消极之分，我们一般所说的功能指的是其积极的方面。高等教育管理的功能就是指在高等教育过程中管理活动所发挥的有效作用。基于其作用和自身利益价值的角度去探讨高等教育管理的本质和意义的过程就是研究高等教育中管理活动所具有的功能的过程。将教育过程中的相关要素应用到最佳状态从而尽可能地达到教育活动的理想目标即是高等教育管理功能的体现。管理的内容是通过组织的目标来确定的。有效管理的过程是紧紧围绕高等教育的目标而展开的，通过衡量实现目标所需的资源从而投入相应的人力、物力和财力，这些资源有些是有形和物化的，而有些则是无形和精神上的。借助对投入资源的有效组织、相互协调和严格控制来进行高等教育管理，从而推动高等教育达到预设的目标。通常来看，管理的过程往往是在一个个的组织内部发生的，一般是组织明确了管理目标以后，围绕该管理目标而展开的相应的规划、组织、协调和控制活动。

如果从不同的向度去看，高等教育管理所具有的功能也不完全相同，带有很大的差异性。管理就是一个规划、组织、协调、控制的过程，这一观点已被人们普遍认可，但就高等教育管理的科学研究来看，我们必须从管理活动的本质出发探讨它的功能，也就是基于两个最主要的方面去归纳概括高等教育管理所体现的功能，即通常所说的高等教育管理的规划功能和控制功能。打个比方，当人们要修建一条高速公路的时候，所要做的第一件事就是要明确此高速公路修建的作用；第二，提出修建它的具体要求和条件；第三，细化修建这条高速公路的工程量及完成时间等；第四，在工程量的基础上提出资金预算及详细使用方案；第五，工程结束后的质量检验；第六，质量检验合格后正式通车运行与日常管理。从以上列举事例可以看出，管理过程中规划的状况会极大地影响管理活动的效果，从而使规划成为管理过程中最关键的环节之一。而控制是实现管理顺利进行的方式和手段，将会直接决定管理活动的效果如何。所以，重点对管理活动中的规划和控制两个功能进行研究就显得十分重要。

一、规划与组织功能

对事物将来的预期发展目标和活动开展计划进行的整体设计即为规划。关于高等教育管理的规划功能，可以从宏观和微观两个角度分析。高等教育管理过程中战略发展计划的有效作用是宏观意义上的规划功能；高等学校制订的教育事业发展计划的功用是微观意义上的规划功能。从其意义和所起作用来看，规划是高等教育管理活动中首先要完成的步骤，所以，我们必须事先就要搞明白它的功能。此处的组织是指规划制订后对于项目与活动的具体实施。高等教育管理的运行模式和机制以及投入资源的调配等都是通过组织活动而实现的。

（一）宏观的高等教育规划

宏观的高等教育规划可以被称为战略性规划或指导性规划，它通常是由国家和政府主导去完成的规划。宏观的高等教育规划会有很多，如国家高等教育事业发展规划。要编制一份完整的国家高等教育事业发展规划，需要完成以下三方面的工作：

（1）提出规划的指导思想。要以国家和政府关于高等教育发展的政策和方针为出发点制订规划，规划中要明晰国家对于教育事业发展的总体要求，并注意数量和质量的统筹安排，优化全国高等学校的布局结构，合理调控高等学校的发展速度，避免盲目扩展规模而陷入量增质降的尴尬境地。

（2）设计规划的内容。高等教育发展模式的规划，这一规划以高等教育体制为规划对象，探讨高等教育体制即探讨由高等教育管理制度、教育结构、办学形式、经费来源等方面所构成的模式与一个国家的政治、经济、文化的关系及其变化趋势；高等教育结构发展变化的规划，这一规划以各级各类高等学校的比例构成、高等教育的专业结构与普通教育的学科结构等的变化为规划对象，探讨国民经济结构变化及其发展水平对高等教育结构的影响及相互关系；高等教育人口变化的规划，这一规划以高等教育对象变化为规划对象，探讨人口变化对高等教育发展的影响，教育对象是人，人口的变化直接带来高等教育需求的变化，人口数量的增减带来受教育人数及高等教育规模的变化，人口年龄构成的变化又引来不同类型、不同级别的教育机构设置的变化；高等教育投资规划，它以国家对高等教育投资总额的多少及高等教育经费分配构成为规划对象，探讨国民经济发展状况即物质生产状况与高等教育投资水平的关系；高等教育内容、方法发展变化的规划，它把高等教育内容与方法作为规划对象，探讨由于政治经济的需要，特别是科学技术的发展，对高等教育内容提出的新要求，所引起的高等教育组织形式、教育教学方法、手段的新变化；高等教育布局的规划，它以不同地区高等教育的规模、数量、种类、级别等方面的发展状况，即以高等教育在不同地区的布局为规划对象，探讨高等教育布局与经济、文化的关系，由于经济文化的发展在地理上呈现出一定的差异，必然带来高等教育布局上的地区差异，如何使高等教育布局与经济、文化发展相适应是高等教育布局规划的核心问题；人才需求规划，它以未来经济和社会发展所需要的人才的数量、规格、层次、结构和比例为规划对象，探讨高等教育人才培养与经济和社会发展的关系。

（二）微观高等教育规划

管理就是规划、组织、协调、控制。规划是管理的第一步，走好规划第一步关系到高等教育活动的方向目标是否清晰，发展思路是否清晰，工作要求是否明确、是否符合客观实际，措施是否合理得当，规划是否便于实施等。高等学校的规划是微观的高等教育管理的范畴，是微观的高等教育规划。

（三）规划功能分析

高等教育规划目标的设定是编制高等教育规划过程中的重要一环，所设定目标是组织所希望达到的未来状况。高等教育规划是在预见未来社会发展、经济发展趋势的基础上，确定高等教育整体活动的目标、要求和步骤。这就是说，高等教育规划目标的设定是以对高等教育的社会需要及个人需要的预测为依据的。另外，高等教育规划目标虽然是没有实现的高等教育未来的状况，但它又是根据一定条件、经过一定过程应该得到实现的状况。这就是高等教育规划的现实性问题。我们说目标不单是一种希望，而是从现状分析出发，通过一定的推算，并通过调整被确定下来的。从这个意义上也可以说，高等教育规划目标的设定首先是一个高等教育预测活动。只有建立在科学的高等教育预测基础上的高等教育规划目标才是可能实现的规划目标。高等教育规划目标设定之后，就要寻求达到目标的多种可能性，即研究达到目标过程中的重要问题的解决办法，科学的高等教育规划不但预测高等教育发展的各种趋势和各种状况，而且还要根据可能出现的情况提出不同的对策，形成不同的方案。就是说，科学的高等教育规划不仅包括高等教育发展的状况规划，还包括针对情况的方案规划，有了各种不同的实施规划的方案，才可能加以比较和选择，找出实现规划目标或者说解决主要问题的最佳途径和方法，从而提高高等教育规划目标实现的效率。客观环境不断发展变化，高等教育规划在实行中，也要相应地做这样或那样的修改和补充，这就需要根据高等教育规划实施过程中出现的新问题、新倾向，预测它们的未来后果，并依此对高等教育规划进行必要的修正、调整、补充，以避免因盲目性而引起失误。

二、控制与协调功能

高等教育管理的实施过程很重要的一部分就是控制与协调。控制就是对组织运作及组织活动进行规范性干预，大都是制度性的、行政性的甚至是强制性的干预。而协调除了有些是通过控制的手段外，更多的是用技术和软性的方法来解决管理活动中的问题和矛盾，包括通过管理艺术化解矛盾。这里我们主要研究控制问题。

（一）高等教育目标控制

高等教育目标的实现程度是衡量高等教育管理效能的重要基准，也是高等教育控制的主要依据。高等教育目标又是相对于一定社会对高等教育的需求而言的，是预设的推动预期高等教育目的实现的导向和标准，因此，具有预见性特征。随着时间的推移，高等教育活动主、客观条件的变化，不论是宏观高等教育管理还是微观高等教育管理，对高等教育目标适时进行控制和校正有其必然性。

同时，高等教育目标又深深地带有目标制订者对教育价值判断的印记（如对普通教育或学生个性应达到的结果的不同认识），而现实的教育目标的实现通常并不完全按照教育理论家或政治家们的设想去进行。对于高等教育目标操作中出现的与理想之间的偏差自然也需要控制。

各教学和行政管理部门在贯彻和实施高等教育战略目标以及和办学目的有关的计划和程序时，往往需要制订详尽的子目标，各子目标之间是相互关联的，它们之间的协调是重要的，也是困难的。人们往往会因各自不同的目的或利益而发生矛盾甚至冲突，尤其是在功利性色彩较为浓重的组织活动中，对各自目标的追求和竞争在很大程度上代替了对总目标的无条件服从。对于子目标执行过程中出现的种种偏离总目标的行为，需要有一定的制度和机制对其实行调控。

（二）高等教育行为控制

规范高等教育的行为是高等教育管理控制功能的首要任务。高等教育行为主要在两个方面是必须得到控制的，一是高等教育的方向性，二是高等教育的各项活动的行为规范性。

1.高等教育的政治方向

根据教育的国家性和民族性，一个国家的高等教育不可能完全没有政治性。在阶级社会里，有些事关国家政治、军事、经济、文化安全的知识和技术是有国界的，这是不言而喻的。从国家的民族性和人才战略来讲，人力资本除了是自身的以外，还有一部分是国家的，因为中国的高等教育不完全是自费教育，而是由国家投资的，为国家服务是每个受教育者的责任。从这个角度来看，这是一个政治问题。国家的投资不能培养自己的敌人，因此，高等教育政治方向的问题就很容易理解了，那么国家对高等教育政治方向的控制就成为必然。

2.高等教育行为规范

任何管理活动都是人的活动，无论是宏观管理还是微观管理，行为控制都可能是管理活动中最复杂的主题。一方面，很难对人类行为进行准确测量，因此很难确定它偏离目标的程度有多远；另一方面，对人类行为规律的掌握还很浅显。近十年来，随着心理学和行为科学的发展，许多学者对行为控制作了较为深入的探讨，高等教育活动中的人是由多个个体组成的一个个群体，对群体的行为规范就更为重要。

（三）高等教育财务控制

高等教育财务控制是高等教育系统内部各组织借助货币资金的筹集、分配和使用而采取的一整套管理和监督方式，使有限的教育经费发挥最大效用，达到预期目标的过程。与其他社会组织的财务控制类似，高等教育的财务控制一般包括预算、会计、决算和审计等活动。

（四）高等教育的宏观调控

高等教育的控制不仅包括技术环节方面，而且还包括制度性宏观调控水平方面。这种宏观调控对高等教育发展的影响往往更为深远。这里所指的宏观调控措施包括高等教育立法、高等教育政策、高等教育财政拨款等。

三、高校的领导者

从宏观管理模式看，我国高等教育实行党组和集体领导责任制；从微观角度看，高等学校实行党委领导下的校长负责制管理模式。但是，在具体的管理过程中，由于管理中缺乏相应的科学制约机制，或者制约机制的形成需要一个较长的过程，高等学校领导现行管理的地位自然具有较强的行政权威性，因此，导致高等教育管理过程中对学校领导的监督有一定程度的缺失。究其原因，首先，高校领导的最终确定不是选任制的结果，而是上级部门的聘任。聘任制最大、最明显的弊端是往往缺乏民主和群众基础，通常由组织部门提前考察，然后，由上级管理部门领导通过集体讨论确定人选，所以上级管理部门的领导或组织结构与高校领导的最终确定人选有很大的关系。一旦在高校领导干部人选确定过程中产生了权力使用不当，失去了公平正义，就极易滋生腐败等问题。而且,在高校领导任期内,往往没有明确的目标责任制,或者虽然有但却并不认真执行。因此,由上级管理部门任命的高校领导并不需要对其学校管理活动的后果负责,而是只需要对上级管理部门负责。因此,管理好一个高校,可能更多地取决于一个领导者自身的专业素质和个人的敬业精神,而不完全取决于领导工作机制。就目前的情况而言,我国高等教育领导者在责任意识和奉献精神方面,以及在个人职业素质方面,应该是比较高的。但是,一旦出现偏差,往往由于缺乏约束机制而引起一系列影响高等教育正常发展的后果。

第三节　高等教育管理的原则

一、高等教育管理原则确立的依据

原则是指导人们观察和处理问题的准则,反映人们对客观规律的认识。由于规律的客观性,原则也应具备客观性。管理活动都自觉或不自觉地遵循某种原则,这就是管理原则。为了有效地进行管理活动,管理原则必须符合客观规律,并随着社会的变化而不断发展。因此,管理原则不是一成不变的,而是随着时代的进步、社会的发展而不断更新。

高等教育管理原则是指导高等教育管理活动的基本准则和要求。它是根据高等教育管理的实践经验总结提炼出来的,反映了高等教育管理活动的特殊性规律和特点。为确立高等教育管理原则,需要综合借鉴现代管理的一般理论,并考虑高等教育管理的特殊背景。在制订高等教育管理原则时,需要分析各原则是否涵盖整个高等教育管理领域,并为其定位,以实现科学、客观、合乎逻辑的准则。因此,高等教育管理原则的依据包括以下几个方面:

（一）既要遵循一般管理活动的客观规律,又要遵循高等教育的客观规律

管理活动必须遵循自身规律,而这些规律在于管理各要素内在的本质联系以及管理过程的逻辑关系。现代行政管理学的理论和方法则是对这些规律

的反映和认识。

教育管理是在行政管理思想的指导下不断发展的。行政管理思想经历了工业管理、人际关系、结构主义等发展阶段，而这些思想也在不同程度上被教育管理借鉴。例如，人际关系理论关注员工的积极参与、满意、合作以及士气与团体的凝聚力，这种思想也对教育行政管理人员产生了影响，使他们寻找提高教师和学生积极性和主动性的方法，以达到最大化创造力的目标。

确立高等教育管理原则，需要遵循高等教育的客观规律。高等教育管理活动应按照高等教育规律的要求，调节和协调高等教育活动中的各种关系，以实现高等教育目标和任务。因此，认识和掌握高等教育的客观规律，是确立高等教育管理原则的必要依据。尽管一般管理理论对高等教育管理原则有所借鉴意义，但高等教育管理必须考虑高等教育本身的发展规律。

高等教育有两个基本规律，一是与社会协调发展的规律，二是与受教育者身心发展相适应的规律。高等教育管理必须以这两个规律为前提，以避免与工作者之间的对立和冲突，并提高管理效益。与一般管理活动相比，高等教育活动有其独特的规律，构成了专门研究的领域。

高等教育管理涉及多种关系，如经济效益与社会效益的关系、人才培养与科学研究的关系、学术管理与行政管理的关系等，这些关系是高等教育活动的特殊规律。因此，高等教育管理原则的制订必须充分考虑高等教育的特点和规律，并与之相适应。如果直接套用外国管理理论或生硬应用经济领域的管理原则，就可能脱离高等教育的本质和规律，无法提出符合实际的高等教育管理基本原则。

（二）高等教育管理活动的特殊性

高等学校与工厂的管理对象不同，高等教育管理中教师和学生是核心。教师是管理对象，同时也是管理者，他们的管理对象是有意识的学生。学生不仅是被塑造的"产品"，还参与自身塑造，因此也是管理者。为了提高高等教育管理效益，必须充分调动教师和学生的积极性和主动性，为他们创造有利于独立思考、自由发挥的条件和环境。

高等教育管理涉及知识和学术问题，教师和学生是核心管理对象，因此要注意行政管理和学术管理的统一。这是高等教育管理的特殊之处。

（三）高等教育管理原则的系统性

教育管理原则不应是随机的、零散的，而应构成一个系统，具有整体性、目的性和关联性。

高等教育管理原则体系的整体性表现为各个原则相互结合，以提高高等教育管理效率为核心目标。这意味着没有单独的原则存在于原则体系之外，每条原则都必须在原则体系中发挥作用。此外，原则体系的功能是以整体功能为基础的，而不是各个原则功能的简单相加。因此，各条原则必须合理地相互联系并充分发挥各自的功能，以保证原则体系整体功能目标的实现，这也是高等教育管理的独特之处。

高等教育管理原则是高等教育管理中的行为准则和基本要求。原则体系的目的是通过指导具体的管理实践活动，使管理活动更加符合客观规律，从而提高高等教育管理效率。原则体系的关联性要求各原则相互依存、相互补充、相互制约，以实现整体功能的目标，而不是简单地相加各个原则的功能。

二、高等教育管理的基本原则

高等教育管理的基本原则是按照一般管理学的原理提出的，同时又适用于高等教育管理领域。这些原则必须全面、准确地反映高等教育管理活动的特点、本质和规律。在理论上，这些原则是完备的，并且在实际工作中是切实可行的，能够涵盖整个高等教育管理活动领域，并广泛有效地指导高等教育管理实践活动。根据上述对高等教育管理原则确立的依据分析，高等教育管理基本原则体系应包括以下五个方面：

（一）高等教育管理的方向性原则

管理是有目的的活动，管理的方向决定了管理成效的大小。而管理目标则是管理活动的前提，也是管理方向的体现。教育作为一种培养人的社会活动，必须与社会政治、经济相适应，并为其服务。不论高等教育的社会性质如何，培养什么样的人都是一个根本问题，也是高等教育目标的核心，集中体现了高等教育管理的方向。

新时期党和国家的教育方针要求教育要服务于社会主义现代化建设，与生产劳动相结合，培养全面发展的社会主义建设者和接班人。这一方针明确规定了我国高等教育的政治和服务方向，以及实现教育目的的基本途径。

1.要坚持社会主义的政治方向

高等教育管理必须坚持社会主义的政治方向，因为教育具有阶级性。不同社会制度的意识形态会影响学生，高等教育管理也受到生产关系和国家政治经济制度的制约。因此，社会主义的高等教育管理有其明显的阶级性。

高等教育在我国具有明显的阶级性，必须遵循社会主义意识形态教育和影响学生，以培养具有坚定政治方向的社会主义建设者和接班人为目标。高等教育的性质是社会主义的，其服务对象也是社会主义建设，因此必须坚持社会主义的政治方向。如果没有明确高等教育的社会主义性质，就无法确立正确的办学方向。

在坚持高等教育管理的社会主义政治方向时，需要注意现实的针对性。信息技术的发展使得发达资本主义国家凭借技术优势成为主要的信息输出国，控制全球信息与通信的命脉。它们的音乐、电影、电视与软件几乎遍及全球，影响着几乎所有国家的审美观、日常生活和思想。因此，我们需要警惕西方意识形态的渗透，注意国外敌对势力利用各种机会对我国施行"西化""分化"的阴谋。只有这样，才能更好地坚持高等教育管理的社会主义政治方向。

2.要坚持为社会主义经济建设服务

1985年，《中共中央关于教育体制改革的决定》强调："教育必须为社会主义建设服务"，这里的"服务"包括为社会主义政治、经济、文化建设服务。在社会主义现代化建设中，经济建设是中心，高等教育为社会主义现代化建设服务的根本任务是培养人才，主要是培养社会主义经济建设需要的人才。高等教育的服务方向是以经济建设为中心，为社会主义现代化建设服务，不干扰经济建设的中心地位。

高等教育要坚持社会主义政治方向，同时要服务于经济建设这个中心，主动适应经济和社会发展的需要，从两个角度规定了高等教育的办学方向，各有侧重，相辅相成，两者并不矛盾。

政治方向是从高等教育的社会性质来讲的，服务方向是从高等教育的工作任务和目标来讲的。政治方向规定了服务的社会主义性质，服务方向体现了坚持社会主义政治方向的实际内容。因此，不能说高等教育的方向性只指政治方向，而没有别的内容，这是不全面的。社会主义高等教育的方向就是坚持为社会主义现代化建设服务的方向。

（二）高等教育管理的高效性原则

所有的管理活动都旨在提高组织系统的效率和效益。管理效率和效益是与管理目标密切相关的。如果目标正确，那么效率越高，效益就越好；而管理效益的大小则体现在消耗一定资源（如人力、物力、财力和时间）的条件下实现管理目标的程度。

高等教育管理要高效，是其本质和具体化的直接体现。它需要在一定的资源投入下，培养和提供更多合格的高级专业人才和高水平的研究成果。也就是说，在投入有限高等教育资源的情况下，要实现培养和提供一定数量的优秀人才和研究成果。这是高等教育管理高效性原则的核心。

高等教育的效益体现在多个方面，不仅可以促进生产力的发展，同时也是巩固政治统治、建设精神文明和社会延续发展的重要手段。它在提高劳动者素质、培养人才的数量和质量方面发挥着重要作用，同时也在发展科学技术和文化方面扮演重要角色。然而，发展高等教育需要大量的资源，这些资源受到社会经济发展水平、政治制度、管理体制和人们教育观念的制约。因此，高等教育管理应该注重经济效益，即在较少的投入下培养更多的人才，并且节省人力、物力和财力。同时也需要注重精神效益和社会效益，即坚持办学的政治方向，全面提高高等教育的质量。

（三）高等教育管理的整体性原则

高等教育管理需要遵循整体性原则，这一原则涉及高等教育系统整体性和培养高级专门人才的目标。整体性原则的核心是以培养人才为中心，通过科学协调和考虑社会环境因素，实现各方面工作的有效配合。

高等教育的使命在于培养人才，这不仅需要有效的教学，还需要思想教育、师资培训、科学研究、后勤管理等多个方面的支持。高等学府不仅需要担负起培养人才的职责，还要承担科研和为社会服务的职责。因此，高等教育管理的目标和内容，不应该局限于单一的教育、教学活动，而应包括教育、科学研究和为社会服务等多个方面的综合管理。这些活动都与社会系统紧密相关，需要与社会经济、政治、科学文化相适应，因此，高等教育管理必须在整个社会环境中进行考虑，只有这样才能实现高等教育的综合发展和提高人才培养的质量。

1.高等教育管理要以培养人才为中心

各方面活动的开展都要服从于培养人才这个首要任务。

（1）政府对高等教育的宏观管理需要从培养人才的决策和宏观控制入手，包括人才培养的规划、总体规模、发展速度、结构布局等。通过组织、计划、协调、立法、拨款、检查评估等手段，政府需要保证高等教育的数量和质量，促进人才培养与社会需求的紧密衔接。

（2）高等学校的管理要面向学生，遵循人才成长规律，科研与教学相结合，后勤为教学和科研服务，各部门的工作要协调配合，而不能各自为政，各行其是。

2.要处理好教学和科研的关系，使两者相互结合、相互促进

高等学校培养人才的主要方式和基本途径是教学，但教学工作不仅限于课堂讲授。

（1）教学是传授知识、发展智力、培养能力和品德的综合过程，包括通过课堂讲授和指导学生获得直接知识及掌握学习方法。

（2）将科研引入教学是高等学校教学的重要特点之一，它有助于为学生创造全面发展智力的环境和条件。

（3）参加科学研究对学生的益处很多。首先，学生可以有目的地、主动地学习，从而掌握完成研究任务所需的理论知识。其次，学生进行积极思维，在实践中发展各方面的能力，培养创新精神。此外，科学研究还能帮助学生养成严谨的治学态度、踏实的工作作风和团结合作的精神。最后，参加科学

研究能更好地促进师生之间教与学两方面的信息交流，使教师对学生了解得更深入更具体，有利于实行因材施教，更好地发挥学生的特长和主动性。

（4）开展科学研究是提高高等学校教师学术水平的重要途径，可以让教师更好地更新教学内容、改进教学方法，从而不断提高教学质量。科学研究与教学不应该对立，而是应该相互结合、相互促进。教学不仅仅是传授知识，更是培养学生的思维能力、创新精神和良好的品德素养。科学研究能够帮助学生有目的、主动地学习，进行积极思维，从实践中发展各方面能力，更好地培养创新精神。

高等学校教学所传授的知识是前人实践经验的系统总结，而科学研究则是在已有知识的基础上探索和总结新的知识，深化对客观世界规律性的认识。只有通过开展科学研究，把生产实践和科学实验的成果总结成各种理论体系，才能不断地获得新的知识和能力，才有可能进行各门学科和专业的教学。

科学研究是教学的"源"，教学是研究的"流"。在教学中，教师传授的理论知识并不要求教师都通过研究实践来总结和积累。然而，现代科学技术的发展非常迅速，高等学校的教师如果不开展科学研究，就难以及时了解和掌握本学科及相关学科的最新动态和发展趋势。仅停留在传授书本知识的阶段无法提高教育教学质量，更无法培养适应现代科学技术迅速发展和现代化建设需要的合格人才。

3.发展科学技术文化，是高等学校的重要任务

随着现代科技的飞速发展，高新技术产业在经济中的比重逐渐增加。而21世纪则是高科技快速发展的时代，科技进步对于国家的经济建设和社会发展影响越来越大。因此，高等学校特别是重点大学的科学研究工作应得到更大的加强，以适应这种形势。

4.直接为社会服务也是现代高等学校的一项重要社会职能

高等学校的三大职能，即培养人才、开展科学研究和为社会服务，三大职能相互联系、相辅相成。其中，积极地开展各种形式的社会服务，具有多方面的益处。首先，它有利于加强学校与社会的联系，提高对社会需求的认知水平，增强学生适应经济和社会发展的能力。其次，社会服务可以促进高等学校的教学与实践相结合，培养学生解决实际问题的能力，提高教学质量。

此外，通过有偿服务，学校能够进一步发挥潜力，充分调动教师和职工的积极性和主动性，筹集资金以改善办学条件和师生员工的生活条件，从而弥补办学经费的不足。

高等学校的根本任务是培养人才，这是衡量学校工作的重要标准。因此，不能仅关注短期经济收益而牺牲教学质量和学术水平。与此同时，高校也要为社会服务，因此必须统筹兼顾，加强管理，合理分配收益。这样有利于调动各方面的积极性，特别是在教学第一线工作的教师的积极性。

（四）高等教育管理的民主性原则

高等教育是一个开放的系统，因为它必须与社会发展相适应。高等教育的历史表明，科学和民主是其重要使命。追求科学可以确保高等学府的教学和科研活力，而发扬民主则是追求科学的保障。

1.民主性原则是由高等教育管理封闭性和开放性相统一的规律所决定的

高等学府既需要保持封闭性，又要向外界开放，要做到这一点，就必须发扬民主，调动师生员工的积极性和创造性。

（1）高等教育管理应该依靠广大教职工和学生进行民主管理，同时也需要动员社会力量参与高等教育管理。高等教育是人才荟萃、学术思想活跃的领域，管理工作必须充分体现学术自由的特点。高等学府的教学与科研是学术活动，需要充分的思想自由和民主制度的保障。因此，实行民主管理对高等教育具有特殊重要性。

（2）在高等学校的管理中，教师和学生既是被管理对象，也是管理主体，其特点在于从事学术性强的教学、研究和学习，靠自我驱动完成目标。因此，学校的管理目标需要依靠教师来实现，包括培养目标、教学计划和教学大纲等；而教学内容和方法的改革，则需要教师自觉探索和实践。此外，学生也需要被激发主动性并积极配合，自主学习。

为了增强高等学校的内聚力、提高管理的有效性，必须充分调动教师和学生的积极性，并让他们参与到管理中来。教师和学生作为学校管理的主体和对象，其参与可以增强对领导管理者的理解和信赖，及时改进管理措施。因此，在高等学校的管理中，需要依靠教师的能动作用，并注意听取学生的意见，以保证与学生学习和生活有关的决策的正确性和实际性。

2.管理好一所大学，需要很多学问

就高等学校工作的复杂性而言，一所高等学校通常拥有许多专业和课程，涉及教学、科学研究、生产、思想教育、后勤以及校内外关系等各方面的工作。加之人员众多，高等学校的管理工作可谓是十分复杂。因此，任何一所大学甚至一个系的领导都无法完全掌握所设专业、各门课程以及各方面的工作，必须依靠广大教职员工和学生的积极性，才能共同完成高等教育的管理目标。

为了把学校办好，需要调动广大教师职工的积极性，共同管理。在做出关于教学、科学研究和学科建设等重大决策时，应注意听取和尊重教师特别是教授们的意见。教授们是所从事领域的专家，他们的意见可以保证决策的正确性。此外，教授们在学术上的权威性对师生员工有较大影响，他们参与决策可以得到大家的拥护和信赖，有利于决策的实施。同时，教授们的言行对学生有潜移默化的影响，教授积极参与学校的民主管理，有利于培养学生的社会责任感。

在高等教育的管理中，政府应充分尊重专家学者的意见，给予学校学术自由和必要的办学自主权，以避免过多的行政干预。高等学校具有多样化的特点，反映了社会对高等教育的多样化需求。政府应处理好中央集权和地方分权的关系，使学校具有办学自主权，以便为学校创造良好的环境和条件，并引导学校通过财政、政策和法规的导向来主动发展。此外，政府在进行宏观控制和协调时，也应注意不同学校之间的差异，以便能够更好地满足社会的不同需求。因此，政府应该在保证高等教育质量的前提下，尽量为高等学校提供更多的自主权，以此来推动学校的创新和发展。

3.为了实现高等教育管理的民主化，决策过程必须符合民主原则

在决策制订、执行和评定执行结果的过程中，要充分发扬民主精神，让被管理者有机会参与其中，以实现集思广益，提高决策的科学性和切合实际性。在西方国家，学校的民主管理采用多种形式，如董事会、教授会、评议会和师生代表会等，以便广泛征求各方面的意见，参与制订学校规章制度和决策。

　　为了有效地执行决策，管理者应随时掌握和了解决策执行情况，并在此基础上进行必要的调整和改进。在这个过程中，民主作风至关重要，管理者应该秉公办事，尊重下属，并虚心向他们求教。对于方案和方法的执行情况，管理者应及时调整和改进，以确保决策的有效实施。

　　决策执行结果的评价关系到制订者和执行者的评价，也关系到下一个决策的制订和执行。评价工作应该遵循民主原则，激发决策者和执行者的工作热情和创造力，从而提高高等教育管理效益。

　　（五）高等教育管理的动态性原则

　　管理过程是一个动态的发展变化过程，包括管理对象内部诸多要素及其相互关系的不断发展变化，以及管理系统的外部环境的不断变化。管理者的任务就是不断根据这些变化和发展，进行相应的调整和变革，以实现整体目标。

　　随着我国经济的转型，各个社会生活方面都发生了相应的变化，这就需要改革高等教育，使其适应并促进社会经济、文化、科技等体制改革的要求。作为一种社会技术系统，高等教育与外部环境处于动态的相互作用中，需要不断变革其内部子系统，以适应各种环境中的偶然事件。高等教育管理的活动、管理对象、管理环境之间都存在本质的、必然的联系。在高等教育管理过程中，需要完成的任务、组织的结构、用来完成任务的技术和参与的人员都处于不断变化的动态中。

　　随着现代科学技术的发展，社会对高等教育的需求不断变化，同时高等教育管理也表现出明显的动态性。为了服务于社会，高等教育必须主动提高适应经济和社会发展的能力，这就要求高等教育必须不断改革、创新。高等教育体制改革的目标是建立适应国民经济和社会发展需要的有效机制。对于高等学校本身来说，学生每年有进有出，教师队伍也需要适时补充和调整，教学和科研设备也需要不断更新。同时，经济、政治和科技体制的改革深化，也对高等学校提出了新的要求。

　　高等教育管理的动态性原则要求不断改革以适应经济和社会发展的需要。具体来说，需要做到以下几点：

　　1.高等教育的发展需要不断的改革，要以发展的战略眼光看问题。

2.在改革的同时，要处理好变革与稳定的关系，继承高等教育合理的内核。

3.不可墨守成规、抱残守缺，也不能全盘否定已往的经验。

在高等教育改革方面要持慎重的态度，避免朝令夕改。高等教育管理的动态性要求高等教育必须与社会的政治、经济、科技、文化的要求相适应。随着社会的发展，高等教育必须随着政治、经济、科技的变化不断地改革，以适应社会发展的需要。管理工作中不断出现的新情况，需要不断地总结新经验、解决新问题。

方向性原则反映了我国高等教育管理的性质，规范了高等教育的培养目标；高效性原则指出了管理工作的本质特点和要求；整体性原则强调高等教育管理应该从整体上考虑问题；民主性原则贯穿高等教育管理活动始终，为管理工作提供了重要动力；动态性原则是高等教育管理的基本途径，指出了不断改革以适应社会发展需的重要性。这些原则相互制约、相互促进，构成了一个完整的原则体系。在实际工作中，贯彻这些原则是密切相关、相互补充的。高等教育管理者应该结合实际情况，根据这些原则制订出符合高等教育管理的具体措施，使高等教育管理更加规范、高效、整体、民主和动态。

第三章 我国高等教育教学管理体制探究

第一节 我国高校教学管理体制的现状

教学管理就是学校管理者和师生员工在遵循教学规律的基础上，利用多种管理手段和方法，对教学系统中的各要素进行合理的组合，以实现教学目标为主要职能。它的任务具体包括：按照培养目标对教学过程中的各种资源进行组织和协调，构建出一个正常的、相对稳定的教学秩序，保证教学任务能够顺利完成，从而培养出德智体全面发展的合格人才。教学管理要素包括学生、教师、教材、教学、设备等，这些都要进行合理的整合，才能达到高效有序的教学过程。在教学管理中，要遵守一些管理原则、程序和方法，以保证教学工作的顺利进行。

一、教学管理在高校的管理工作中居于重要的地位

教学管理在高校管理工作中主要有以下几方面的作用：

（一）学校的基本任务是培养人才

学校工作的中心是培养人才，而人才培养主要通过教学活动实现。因此，学校的各方面工作几乎都与教学紧密相关。

（二）教学管理受教学过程客观规律的制约

教学活动是一种动态的、具有不确定导向的体系。教学过程中的随机性

很强，其结果具有很大的不确定性。就算是老师讲了，也未必能听懂。要保证教师的教学水平、学生的学习质量，就必须对教学行为进行规范化管理。

（三）教学管理担负着对学校全体教师和学生的管理

在一所学校的管理中，人的管理是最关键的构成要素。教学的质量主要取决于教师是否有足够的工作热情，学生是否有良好的学习习惯。所以，对师生进行有效的管理，对学校的整体管理有着非常重要的意义。

二、高校教学管理的职能分析

在教育管理工作中，要使教育管理工作有效有序地进行，就必须充分发挥管理功能。从实际与理论上分析，可以将教学管理的流程分为：决策与计划，组织与实施，指挥与协调；相互关联的环节，如监督与检查。总结每个环节都有其特定职能，这些环节的协同配合可提高教学管理效能。

（一）决策与计划的职能

1.决策与计划是教学管理的首要职能

在教学管理中，决策和计划是不可或缺的环节。决策涉及未来方向、目标、原则、方法和手段的选择和决定，是教学管理工作的重要组成部分。计划则在决策和目标的基础上进行统筹安排，拟定实施方法和程序，制订相应的策略和政策，是教学管理的具体实施过程。决策和计划相互依存，决策为计划提供前提和支持，计划使决策具体化和实施化，两者协同作用构成了教学管理工作的基础。

2.教学管理决策包括目标预测和目标决策

为了培养高级人才，高等学校需要适应教学系统的发展目标。教学系统的目标包括办学规模、条件和师资队伍等。目标决策主要涉及教学目标和管理目标的决策。教学目标包括总体目标和各个阶段的具体目标；管理目标包括总目标和子系统目标，如思想管理、课程管理、质量管理、教师管理和学生管理等。这些目标需要与教学资源相匹配，通过教学管理实现教学目标。

同时，教学管理还需要关注教学环境和教学过程，为学生提供更好的学习体验和知识技能的培养。

3.教学管理计划

教学管理计划是一种涵盖广泛内容的计划体系，包括教学规划、教学计划、教学政策法规和教学管理工作计划等。教学规划旨在制订学校长远的教学发展设想和计划；教学计划则是学校教学组织和实施的总体设计，包括培养目标、课程设置、学时分配等；教学政策法规包括国家和学校制订的规章制度等；教学管理工作计划则包括招生工作、毕业工作、师资培训计划等。教学管理计划在教学管理系统中具有重要的功能，为教学管理提供了明确的指导和规范，确保教学工作顺利进行，为培养高级人才提供支持。教学管理计划的有效实施需要确保教学管理的科学性、合理性和灵活性，以适应不断变化的教育需求和管理环境。

（二）组织与实施的职能

教学管理系统的重要职能之一是组织与实施，它包括按照决策目标要求组织各种要素并执行管理计划，以达成教学管理计划的实施。具体来说，组织与实施的功能包括组织设计和组织行为两个方面。

1.组织设计的功能

组织与执行是教育行政体系的核心功能，应根据教育行政体系的目标要求，对其任务结构、权力关系等进行合理的设计，以构建一个行之有效的行政机构。组织设计主要是把教育教学的总体目标分解为几个具体的工作，并把这些工作进行整合、分类、分工等。同时，还应进行师资队伍的选拔与配置，明确其责任，赋予其组织与管理的权力。此外，还应制订教师的工作职责、教学管理的规章制度，以协调各部门之间的权力关系及信息交流关系。组织行为指的是按照每个阶段的任务所确定的目标组织力量，明确分工、授予权力和协调关系，经常性的组织工作不需要构建组织机构的过程。

2.组织行为的功能

教学管理系统的组织实施是确保管理计划有效实施的重要职能。它包括以下基本内容：统一教职工的目标，确保目标的一致性；统一组织指挥，确保工作按时、按量、按质完成；实行职、权、责相统一，让教师和管理人员明确职责、工作范围、质量要求和协作关系；按计划步骤统一行动，确保计划顺利执行。

（三）指挥与协调的职能

在教学管理系统中，指挥与协调也是不可或缺的职能。指挥是领导者通过行政权威，指示下属进行某项活动，以保证系统按要求运作。协调则是为了消除管理过程中不协调的现象。指挥与协调相互补充、相互完善，是对管理过程干预和控制的不同侧面。

1.指挥功能

教学管理系统中的指挥功能是确保教学管理计划有效实施的重要职能。该功能的主要目的是通过下达命令、指示等形式来实现系统内部的个人服从一个权威的统一意志，使全体成员履行自己的职责，全力以赴地完成所承担的任务。为了实现教学管理的有效性，需要通过专家治校、规章制度等手段，建立权威、督促、率领和引导作用，规范全体人员的行动。同时，应严格按照计划、大纲组织教学，统一标准、统一要求，建立教学指挥机构和教学指挥中心等形式的教学指挥系统，以实现更有效的指挥和协调。教学指挥中心可以运用先进的设备手段，为教学管理提供更科学、更高效的指挥决策和协调服务，从而确保教学管理工作的顺利进行。

2.协调功能

管理中的核心职能之一是协调功能，它可以调整系统中各环节、各要素之间的不和谐现象，以实现管理目标。在教学管理中，协调功能包括以下方面：一是协调教学管理系统与外部环境的关系，如学校教育与社会系统的关系；二是协调系统内部各类成员之间，各组织、各部门之间，管理过程各环节、各项工作之间的关系；三是协调教学系统内部课内与课外之间，教、学、管诸要素之间，教学内容、方法、手段之间，各章节教学内容之间的关系。为了实现有效的教学管理，需要建立协调机制，制订协调措施，调整管理过程中的不和谐因素。同时，需要加强与外部环境的联系，关注社会变化，不断适应发展需求，提高教学管理的协调水平。

（四）监督与检查的职能

1.监督就是察看并督促

在教学管理过程中，监督与检查是不可或缺的职能。通过对计划方案的考评，目标的完整性、实施计划的有效性等的检查，可以发现管理过程中的缺点和问题，并推广经验，推动工作的进展。从本质上讲，检查就是一种监督和控制，并提供了信息反馈的机制，以确保教学管理的质量。教学管理系统应该建立健全的检查体系，确保各项工作有序开展。

2.检查职能的类型

在教学管理过程中，检查是至关重要的一项职能。根据时间和范围的不同，可以将检查分为平时检查、阶段检查、全面检查和专题检查。平时检查可以及时发现问题；阶段检查则更加全面；而全面检查是从多个方面了解和掌握工作情况；专题检查则有针对性地解决问题。教学管理需要注意平时检查和阶段检查的相互补充，专题检查和全面检查的交替进行，以提高管理效能。检查方式包括自上而下的检查、互相检查和个人检查，它们具有不同的监督和考核作用。自上而下的检查是由学校领导对下属进行的，互相检查则是学校成员之间进行的方式，个人检查则是学校成员自我检查的形式，表现出强烈的责任感。通过检查，可以全面考评计划方案的可行性、目标的完整性和实施计划的有效性，及时发现问题并解决问题，推广经验，提高教学管理效率。

3.监督与检查具有双重功能

教学管理中的检查与考核是重要的职能之一。它既可以监督和考核下属人员的工作表现，及时肯定优秀表现，纠正工作不佳的行为，也可以检查和考核管理者的管理水平，包括计划、措施、执行是否符合规范和要求，明确管理者的责任。通过检查和考核，可以及时发现问题和缺陷，提高管理效能，推动工作不断前进。

（五）评价与控制的职能

1.评价与控制是教学管理系统最重要的功能之一

评价与控制是教学管理中的重要职能之一。评价通过科学分析和价值判断，对教学目标与实际效果的差距进行判断，为决策提供有用信息；控制则是根据评价分析结果，对计划执行中的偏差进行纠正，以确保教学目标的实现。评价与控制的目的在于不断提高教学质量，保证教学管理的有效性。同时，评价与控制也需要充分考虑到多种因素，如学生特点、社会需求、课程特点等，以确保评价与控制的客观性和准确性。

2.教学评价和分析的主要内容

教学评价和分析在教育教学中发挥着重要的作用，可以通过多种科学手段对教学过程和效果进行价值判断和系统分析，以提供有用信息。这些手段包括课程教学评价分析、课堂教学质量评价分析、教师评价分析、学生评价分析、课外活动评价分析等方面，从多个角度全面反映教学的质量和效果。通过对教学评价和分析的实施，可以帮助教学管理者及时了解教学过程中存在的问题，加以改进和优化，从而确保教学目标的实现和提高教学质量。

3.教学管理的控制功能

包括教学前馈控制、教学过程控制和教学事后控制三种类型。

（1）教学前馈控制是教学管理中的一种重要措施，旨在预防偏差并采取有效措施进行控制，以防患于未然。教学系统以育人为目的，任何偏差都会对教育产生严重影响，因此前馈控制至关重要。通过提前识别可能出现的问题，并采取措施避免问题发生，前馈控制可以有效减少偏差的发生，确保教学质量。

（2）教学过程控制是实施教学计划时所进行的一种管理活动。它通过现场观察、监督和指导教学过程，对教学过程进行评价、分析和提出建议，并及时纠正出现的偏差，确保教学计划的顺利实施。

（3）教学后控是以终结性评估为基础的一种调控行为。在教学计划基本完成之后，要将实际所获得的工作成果和计划目标相对比，找出其中的差距，并对其进行修正，从而提升教学效果。

（六）总结的职能

教学管理的总结环节是周期性管理的结束，也是下一个周期管理的开始。其目的是全面系统地总结教育管理工作，包括肯定成绩、发现问题、总结经验、探索管理规律，以提高管理人员的管理水平和学校的工作效率和管理效能。总结的方法应该科学、规范，并根据实际情况选择合适的总结方式。

1.以计划目标作为评估绩效的标准

总结就是一个全面分析、评价计划实施的过程。规划目标不但是实施与检查规划的核心，更是衡量工作表现之重要尺度。

2.以检查为基础

总结是管理工作中不可或缺的一环，它的实施需要在有效的检查基础上展开。检查可以为总结提供可靠的信息，如事例、数据材料等，但检查并不能取代总结，因为检查更多是感性的，而总结则需要理性的分析。通过总结，可以肯定取得的成果，找出存在的问题并总结经验，以推动管理规律的探索和提高管理水平。

3.要有激励作用

总结的目的是促进工作向前发展，对工作进行综合性的总结，既能肯定工作的成就，又能发现工作中存在的问题，还能对所取得的经验进行归纳，为今后的工作指明方向，从而提高大家的自信心与决心。一篇优秀的总结应该是一种强有力的动力，通过对成就的肯定，可以使人更加自信，通过指出缺点，可以使人更加负责，进而促进教学管理工作的发展。在教学管理的总结过程中，要建立奖优罚劣、奖罚分明的制度，推动教学工作良性发展。总结的过程中，必须注意客观性和科学性，遵循基本要求，如综合性、系统性、重点突出性、实用性等。

三、高校教学管理制度的内涵与结构分析

（一）高校教学管理制度的内涵

根据《现代汉语词典》的解释，制度有两层含义：一是规范行为的规程

和准则；二是在一定历史条件下形成的政治、经济、文化等方面的体系。

1.高校教学管理制度

高校的教学管理制度是由多个元素和部件构成的体系，用于特定目的和功能。它是随着时代和社会变化而不断变化的整体，可以是宏观或微观层面上的变化，也可以是被动或主动的。当高等教育不能适应时代和社会变化时，高等教育必须通过改革和发展制度来适应变化。教学管理制度的形成和发展是在适应社会需要的过程中不断进行的，这些制度在适应时代变化的同时，也需要适应各种新的教育和管理理念的不断涌现，以保证高等教育的可持续发展。

高校教学管理制度是针对高等学校的教学过程而制订的系统的教学管理方法。它是为了规范教学活动和实现学校的教学目标而设立的。在狭义上，高校教学管理制度特指针对高等学校的教学管理方法。

2.学分制与学年制

要想提高高校的教学质量，就必须在教学管理上进行探索，以制度来保证。在大学的教学管理中，学分制与学年制被广泛采用。采取何种体制与一国的社会制度并无太大关联，而更多的是受一国的文化、传统等因素的影响。例如，美国、法国和日本等是世界上最先进的市场经济国家，但是他们在教育和管理上采取了不同的方法，有学年制的，也有学分制的。即便是在一个国家，不同的高校在不同的发展阶段，其发展模式也会有一定的差别。

学分制和学年制是两种不同的教学管理制度，它们在学生毕业要求方面有相似之处，但它们有很大的差异。学年制着重规范性和强制性，课程设置和学习进度都比较固定；而学分制则更加自由灵活，学生可以根据个人兴趣和需求自主选择课程和学习进度。这种灵活性为学生提供了更多的选择和自主学习的机会，但也需要学生具有更好的自我管理和计划能力。因此，两种制度并没有绝对的优劣之分，关键在于是否适应学校的教学管理需求和学生的特点。教学管理制度的完善应该是不断地调整和改进，以适应社会和学校的变化和发展。

（二）高校教学管理系统的结构分析

结构是一个体系中各要素之间相互联系和相互作用的一种形式，是体系中各要素之间的一种次序。因为教育行政的内在关系是错综复杂的，所以，按照不同的要求，从不同的视角去考察，就会形成不同层次、不同形态的体系结构。

当前，我国大学教学管理工作可划分为"教"与"学"两大类，每类又可划分为六个层面。教系由主管校长、教务处、系部、教研室、教职工和学院组成。学系列由主管校长、教务处、学院、系（部）、年级和每个学生组成。它们既相互交融、相互影响，但又各自独立。下面将介绍教学管理系统的六个结构层次。

1.由学校主管教学工作的校长主持召开行政会议

学校的教学管理决策层是重要的宏观调控组成部分。通过调查研究，实施科学决策，确保校长对整个学校的教学质量全面负责。此外，决策层还将教育教学质量的提高和高级人才的培养作为教学管理的核心任务，根据学校的定位、总任务和总目标来制订决策，推进学校的发展和进步。

2.教务处

教务处是高校教育行政职能部门，负责全校教育工作的具体规划、组织和协调。教务处应在校长领导下，负责学科设置、教学目标的制订和教学计划的制订，承担教学工作的考核与评价，对各门学科的教学实施管理，对教学质量负责。同时，它又承担着高校教学管理的职能，是高校不可缺少的一个重要机构。

3.学院

学院是我国高校改革的一项重要内容。由相关专业、系和部组成的学院更利于学科间的交流和协作，达到资源共享。同时，它还有利于学校教育管理工作的开展。学院的主要责任是按照教务处制订的总体规划，并结合自己的专业特色，对教学工作进行组织和安排，对各系、部的工作进行指导和督导，并对本院的教学工作进行具体、细致、全面的管理，为院内教学工作提供强有力的保障。

4.系（部）

系（部）的主要任务是组织和开展各个学科的教学工作，并定期组织教师进行教学研究，总结教学经验，提高教学能力，增强教师的师德。同时，还负责加强师资队伍建设，不断完善教学，不断提高教学质量。

5.教研室和年级组

教研室是高校教师的教学科研组织，通过直接的管理来安排和推进教师的教学和科研工作。而在高校中，年级管理是由辅导员来负责的，不同年级具有不同的特点和需求，因此需要根据学生的心理和思想状态以及课程设置来组织管理教学。为了确保教学质量，还需要定期进行阶段性的教学检测、年级学科竞赛以及教师教学状况调查等工作。这些措施有助于促进教学质量的提升和学生综合素质的提高。

6.教师和学生个体

任课教师是教学工作的执行者，负责本专业课程的教学质量，同时也需要深入研究本专业知识并不断提升教学能力。学生是接受教学的主体，应当自觉地对自己的学习进行管理和安排，选择合适的学习方法，并支持教师的教学工作。学生还应该向教师提出建议，并积极与同学交流学业心得，以便共同提高学习效果和水平。教师和学生是教学过程中互为主体的关键因素，只有两者通力合作，才能实现优质教学的目标。

在这六个层面中，教师的反馈机制是一个必不可少的教学管理要素。为保证各环节教学工作的顺利进行，必须建立起一套行之有效的教学信息反馈体系。通过该系统，可实时掌握教学进度，并根据反馈信息做出相应的调整，从而达到提高教学质量的目的。这种反馈机制能够帮助决策层和实施层提高教学质量，保证教学工作正常运转。

四、高校教学管理制度与教育质量的关系研究

高校是知识传承、传播与创新的主要场所，是知识经济时代的社会中心。提高国民素质，培养科学技术人才是世界各国共同关心的问题。高校的教学管理体制是大学教育改革的重要内容之一。一套完善的管理体系对推动高校

发展、培养优秀人才有着举足轻重的作用。

如今，高等教育已经进入了大众化阶段，并通过行政手段连续多年扩大招生规模，以迎接知识经济的挑战，实现国家"科教兴国"的战略目标，满足民众对高等教育的日益增长的需求。然而，这一发展也引发了人们的担忧，因为降低招生门槛和快速扩大规模可能导致教育质量下降。因此，如何建立适合大众化教育的教学管理制度成为教育界面临的最突出问题。

（一）完善制度建设、提高高等教育质量

高等教育规模的不断扩大，适龄青年入学率的不断提高，是高等教育大众化的一个重要特征。

1.高等教育的招生规模虽由人为设定，但是随着规模的扩大，更多人接受高等教育，提高了国民素质和科学文化水平，为现代化建设和发展知识经济提供了各类人才。因此，高等教育的门槛高低不是评价教育质量的唯一决定因素，需要采取其他教学管理措施来提高教育质量。

2.一次入学考试只能反映一次竞争结果，无法代表人的素质优劣，更不能以此决定人的终身发展。因此，评价人才应该考虑多种因素，包括学习成绩、社会实践经验、综合素质等。

3.我国高等教育大众化阶段的教育目的并不在于为少数精英阶层服务，而在于提升全民族的科技文化素质。所以，入学"门槛"的降低，并不意味着教育质量的下降。但是，在大众化教育的过程中，也存在着一些质量问题，这些问题并不存在特殊性，是可以通过建立一套行之有效的教学管理体系来加以解决的。

（二）精英教育赋予高校教学管理制度新的内涵

当前，我国高校仍处在"精英化"的教育阶段，但其"精英化"的程度并未体现在教育质量上，而是体现在高校新生入学率上。在我国进入大众化教育的今天，精英教育不但不能消亡，反而要强化。要想实现这一目标，就必须从建立双优学院、加强竞争、激励等方面进行改进。只有在这种情况下，才能使真正的精英人才向这种类型的高校涌去，获得更高层次的教育。

（三）高校教育质量标准从单一走向多元

长期以来，高等教育的质量衡量方式被限制在计划经济体制下的尺度上。这表现在教育目标和人才培养目标的单一规定，以及统一的教育质量评价体系、课程体系和教学内容等方面。然而，这种做法已经不适应现代社会的需求。随着社会和经济的发展，我们需要一个更加灵活和多元化的教育质量衡量体系，以适应不同行业和领域的需求。因此，我们需要逐步转变以往的评价方式，采用更加开放和包容的态度来评价高等教育的质量。

随着中国社会的开放和多元化发展，高等教育也需要适应多样化的需求。多样化是必然的，因为社会经济、科技发展、人才素质等方面都存在差异。只有建立不同层次、不同类型、不同形式的教育模式，才能满足个人发展需要的多元化的选择。对此，高校应走多元化道路，寻求适合其生存与发展的空间，以此来发展个性，打造特色，提升品质和竞争力。

高等教育在现代社会中的地位愈加重要，高校的教学管理制度也随之得到了不断完善。目前，教育质量观念正在发生转变，从传统的计划经济思维转变为多元化的教育质量观念。这一理念不仅体现在对高校不同层次、不同类型的评估上，而且还体现在对同一层次、同一类型，甚至同一专业的评估上。教育质量的多元化强调学校的个性与特点，突出了高等教育的市场化特征。

（四）多样化的高等教育对素质教育的新解释

1.全面素质质量观的历程

20世纪80年代后，由于高校学生的实际操作能力不足，人们开始重视能力的培养，从"知识型"向"能力型"转变。20世纪90年代后，我国开始实施素质教育，使学生素质综合发展的观念获得了普遍的认可。这种观念的演进，体现了在社会转型时期，人们对于教育本质的理解不断加深。它不仅能丰富教学的理论和实践，而且能促进教学和学校的发展。

但是，虽然人们对教育质量的看法有所改变，但是，传统的思想观念对教育的影响依然很大，社会功能依然大于个人功能，甚至，我国的人才观仍存在着"全才""完人"等理想倾向，忽略了当今世界的多元化经济、多元化社会对各类人才的需要。

2.素质教育的内涵

素质教育的提出从一开始就是为了解决中小学"应试教育"的问题，而高等教育，更多是为了解决人文科学和思想政治教育的不足。但是，目前人们对素质教育的认识有两种趋势：一种是将素质与知识、能力等相等同；一种是将"全面"拆解，使学生变成"全人""完人"。素质教育应以受教育者的基本素质为基础，以最优的方式使受教育者在各个方面积极、全面地发展。这个概念的基本内涵是：

（1）学生的基本素质是素质教育的根本。

（2）人的素质是有差别的，只有根据学生的不同情况，才能对学生进行不同的素质教育。

（3）阶段绩效评价是一种过程，绩效评价的结果依赖于具体的执行路径。

（4）是积极的，而非消极的。

（5）应培养学生的综合素质。

（6）有一定的理论和现实意义，且有一定的可操作性。

3.对传统培养模式进行制度创新

在大众化教育的过程中，由于高等教育资源的不断优化与重组，各层次、各类型的高校将会进一步分化。多元化的高等教育现实要求进行体制创新，人们要从传统的人才培养模式中走出来，让受教育者以自己的实际状况和现实可能性为依据，选择一种社会价值和个人价值相统一的成长方式。人才观也要随着时代的变化而不断更新，不再是"全才""完人"的理想化模型，而是要适应多元化的经济、多元化的社会，特别是专业人才的多元化需要。

这样，传统的"因材施教"模式就会在"分级"模式下得到进一步发展。教育的作用也将从单一的教育教学转向推动有组织、可持续的教育沟通发展。学生可以按照自己的特长、理想和兴趣，选择最适合自己的教育方式。新的素质教育要克服两个趋势：一是不要只追求一个教育评价标准，而是要构建一个多元化的，因材施教、分类培养的，利于不同层次、不同类型人才发展的教育评价模式；二是要强化教师与学生之间的互动关系。

4.建立正确的教育质量观

大众化的高等教育既要关注数量，也要关注质量，这就是为什么教育质量观在教育哲学中处于不断发展状态的原因。要准确地把握好"素质"的内涵与外延，就必须在理论上不断地探索，在实践中不断地总结。在我国高等教育大众化和社会转型的时期，教育质量观念具有很强的指导意义。正确的教育质量观念有利于促进高等教育的规模、结构和质量的提高。

第二节　我国高等教育管理体制的改革策略

本节主要探讨高校教学管理体制创新对于培养创新人才的重要性，并提出了一些具体对策。首先，更新教学管理观念，以人为本、以生为先；其次，建立以学院制为主体的教学管理体制；第三，健全学分制管理制度；第四，构建高校教师培训体系；第五，协调教学与科研的关系。此外，总结了高校教学改革实验班的创新之处，但也指出了其实验性的特殊情况。因此，应在教学改革实验班的基础上，进一步改革学分制教学管理制度和"以学生为中心"的教学管理模式，以满足培养创新人才的需求。

一、高校教学管理体制创新的对策探讨

（一）突出"以人为本，以生为先"的教学管理思想

人类社会每一次大的变化，都是从观念的进步和革新开始的。概念是人们对客观世界的一种主观性的认知，随着客观世界的变化，概念也在不断地更新。同样，教学改革的推进离不开思想解放和观念更新。在高等教育的三大职能，即培养专业人才、推动科学发展和直接服务社会中，培养人才一直是最基本、最重要的任务。因此，在教学管理中，应以学生为主体，贯彻"一切为了学生，为了学生的一切，为了一切学生"的原则，强调"以人为本"的教学管理思想。

1.确立尊重学生自主权的教学管理思想

为了培养具有创新能力的人才，学生应当拥有自主权，包括知情权、选择权和参与权等。这些权利为学生提供了必要的条件，让他们能够自主学习、自我管理和自由发展。通过这样的方式，学生可以培养自我构建智能结构的能力。因此，尊重学生自主权是非常重要的。

（1）为确保学生权益，学校应赋予学生知情权。学生有权了解学校教学计划、培养方案、规章制度、课程设置、教师资格、教育经费使用等相关信息。学校可从三个方面授予学生知情权。首先，通过网络公开校务，将与学生利益相关的内容公示在校园网上；其次，教学秘书、班主任或学生干部应及时通知与学生利益相关的院系事务，如奖学金申请、学术活动等；最后，学生应主动向老师了解自己关心的事情，积极主动地询问教师或院（系）教学秘书，并采取主动掌握自己需要了解的信息。

（2）学生的自主选择权是其学习生涯中至关重要的部分。该权利不仅包括选择专业、选修课程、授课教师、学习模式和学习年限等方面，而且应得到学校、教师和学生三方面的支持和促进。首先，学校应进一步完善选课制度和导师制度，以确保学生在选择专业、课程、教师和学习年限等方面具有足够的自主性。该制度应明确学生选择的范围和条件，并为其提供有关选课和导师的详细信息，以帮助他们做出明智的决策。同时，学校应制订一些强制性规定，以防止学生做出不明智的选择或恶意破坏规则。其次，教师应提高业务水平，为学生提供更多、更高质量的选修课，以满足不同学生的需求。他们应该倾听学生的建议和意见，并不断改进他们的教学方法和课程内容，以适应时代的变化和学生的需求。最后，学生本身也应负责做出合理的选择，避免盲目地追求容易获得学分的课程。他们应该根据自己的特长和兴趣选择课程，并为未来的职业生涯做出长期计划。此外，学生应该有权在规定时间内改选课程，以适应其个人需求和学习进度的变化。

（3）学生应该有参与学校教育教学活动的权利，这将帮助他们学习民主并锻炼自主自立的能力，这对于形成主人意识具有重要意义。学生的参与权可分为教学管理和教学过程参与。教学管理参与使学生参与校级或院（系）级的教学事务管理，学生的管理参与能增强他们学习和运用知识的主动性和自觉性，培养他们的实践和动手能力。

而教学过程参与则指学生应该在课堂上主动参与教师的教学，与教师进行互动，并有权参与教师的选择和个性化培养。这种个体参与的方式可以培养学生的主体意识和激发其主观能动性。然而，为了规范和限制参与权，学校需要建立完善的制度体系，确保学生的知情权、选择权和参与权得到保障。

2.树立个性教育的观念

据一项关于大学生创新人才观的调查显示，大学生认为"独立性"是影响创新人才的最重要因素。这种独立性包括个性特点，如有创新意识、敢于怀疑权威、有主见不盲从、有预见性和超前意识。因此可以看出，一个创造者的成功与其个性内在联系密切。法国著名教育家、终身教育理论的创始人保尔·朗格朗指出："教育工作者再也不应该是多少有些天才的知识传授者，而是培养个性的专家。"为了更好地发掘学生的创造潜力和个性特点，高校应该转变教育思想，倡导个性教育。个性教育是一种尊重个体差异，促进个性自主和谐发展的教育方式。实施个性教育可以通过尊重学生个体差异、突出学生主体地位以及建立新型师生关系三个途径来实现。

（1）教育中应当尊重学生的个体差异。首先，教师和管理人员应该认识到每个学生都有其独特的天赋和特长，同时也存在着一些需要改进的方面。因此，在教学过程中，应该考虑到学生的生活、经济和文化背景等方面的差异，以因材施教的方式帮助每个学生挖掘其潜力，实现全员成才。其次，要为学生创造一个自由、民主的学习氛围，让他们自由地表达自己的观点，探索自己的知识。对于有独到见解的学生，学校应给予他们充分的理解与支持。正如苏霍姆林斯基所说，"只有承认个性差异，才能更好地教育每个学生，才能更好地发展他们的自尊心。"学生的个性在教育中的发展，对其未来能否具备自主思考、独立判断、敢于质疑的能力、积极探索、勇于创新、善于探索、创造性的能力和精神起着重要的作用。

（2）强调学生的主体地位，有助于提高学生的个性和自我意识，从而使其克服从众定式的思维方式。为了实现学生的主体地位，教师需要采取两方面的措施：首先，通过加强学生的主体意识，教师可以培养和提高学生在教育中的主动性、创造性和自主性。这些措施可以让学生具有自我教育、自我管理和自我发展的能力，成为教育过程中的主体；其次，要培养学生的主体意识，指导学生对自身的认知与评估，鼓励他们大胆地表达自己的观点，不要被老师的所谓标准答案所左右。

（3）新型师生关系的核心是以学生为主体、教师为主导，让学生在教学活动中具备更大的主动性和自主性。建立这种关系需要教师和学生的共同努力。首先，教师需要改变自己的观念，尊重学生的个性差异，认识到学生是一个独立、自主、自我发展的人；其次，学生需要摆脱传统的被动接受教育的方式，主动参与到教学过程中。这种新型师生关系的建立，将会促进学生的个性发展，增强学生的自信心和自主能力，提高教学质量和效果，实现教育目标的双赢。

教师要建立新型师生关系，需要两方面的改变。首先，教师应树立新的学生观，正确看待学生各自不同的思维方式和行为特点，尊重学生在成长中存在的问题和错误。其次，教师需要加快自身角色的转换，以人格魅力吸引学生，通过不断完善自己来获得学生的爱戴，克服学生思维中的权威定式。

为了创造个性化的学习环境并激发学生的潜力，高校应遵循"以人为本，以生为先"的教学管理思想。这种管理思想注重尊重学生的自主权和树立个性化的教育观念。只有这样，高校才能为学生提供足够的空间，帮助他们实现个性化的发展，并且培养具有创新精神和能力的人才。

（二）建立以学院制为主体的教学管理体制

要构建以"学院制"为主的教育与管理制度，就必须根据高校的学科与专业发展的现实和需求，对高校进行分类设置。但是，在建立学院以后，需要注意的问题有：校、院（系）两级管理体制中权力和责任的分配；需要扩大院（系）管理的自主权，增强其自我管理能力；学校应高度重视院（系）教学管理，为其提供必要的资源和支持。

1.明晰校、院（系）两级职责权的划分

要使高校承担起人才培养、学科建设、科研、管理等职能，必须做到职、责、权的统一，使其发挥更大的作用。要防止"有职无权""有责无权""有职无责"的局面。

学校和院系一级要明确各自的责任，重视权力和责任的统一。学校领导及相关职能部门要充分发挥其作用，变"过程"为"目标"，减少对具体工作如教学、科研的介入。目标管理的基本方法是：以一定时期内教育事业的发展方向为依据，对学校的办学方向和发展总目标进行明确，之后将总目标向院（系）执行机构层层分解、逐级实施，通过上下协调，制订出各层次的具体次目标，以学校的总目标引领分目标。对每个部门和每个人的工作进行子目标检查。

校级管理部门有着多项主要职责，要建立以学院制为主体的教学管理体制，需要校级管理部门作为决策层，担负起许多重要的职责。首先，他们需要了解学校的办学方向和未来的发展目标和重点，并据此制订人才培养方案、教学管理制度和学籍管理制度，评估专业和课程建设，建立教学质量保障和监控体系。此外，他们还需要负责重点实验室、图书馆和网络中心等共享资源的建设和管理。最后，他们需要跨学科组建科研中心和重大科研项目组，加强不同学科间的横向交叉综合等。

为了能够将学校的整体发展方向和工作部署落实到位，各院系应该制定出中长期发展的方向和目标，对各个学科的建设进行规划和协调，对人、财、物等资源进行统筹调配，从而实现对各种资源的综合利用。同时，各院系不应仅局限于校内，而是应该走向市场。为满足社会发展需求，高校学院必须处理好与社会及企业的关系，调动并运用各种资源，与有关行业建立广泛的联系。高校院系的责任与权限主要有：承担基础管理与教学科研工作的双重责任；负责教学、研究开发、组织建设；负责人员的调配和奖金的发放；对下属部门的教学、研究工作进行管理和监督。

2.扩大院（系）管理自主权

在高校教学管理中，校、院（系）两级应该做到职责与权力的一致性。学院（系）所具有的职权，应与其所承担的责任相称。但是，当前我国大学决策的权力主要集中于学校层面，院（系）级层面仅承担责任，并无对应的权力。为此，高校要在制订和执行人才培养计划、设置和调整专业、经费的管理和使用等方面，适当下放教学管理权限，让院（系）级能够自主完成组织人事管理、资源自主配置、内部机构设置、实习基地管理、实习基地、对外合作与交流。通过这种方式，可以扩大院（系）级管理的自主权，提升管理效率和办学效益，更好地发挥大学为社会培养人才的作用。

在我国学校管理体制由校、系、室三级管理时期，校级部门主导管理权力，而系和室的权力有限。为了增强下级院系的管理自主权，校级部门应该授权下放一部分决策权和执行权。授权通常包括决策层次的授权和执行层次的授权，前者意味着将一定的决策权交给下级行政机构或职能机构，后者则允许下级机构在一定范围内自主完成工作。授权范围越大，下级院系就越能够发挥自己的管理自主权。

为了强调学术功能，校级部门在下放权力时应以学术权力下移为主，辅以行政权力下移。应将学术范围内的权力下放到院系层次，如设置专业与课程、管理学生、申报科研项目、聘任教师等，以强化学术管理。同时，一定的资源分配权、机构设置权和人事权等行政范围的权力也应下移至院系一级。校级部门应负责监督、调控和服务学院的工作，领导学院的发展。

高校办学自主性的增强，使高校办学决策权力向不同层次倾斜，形成了"层级式"决策模式。学院制的核心，就是要将管理权真正下放给学院，否则学校制度就不能发挥出应有的作用。

3.落实教学管理在院（系）中的核心地位

（1）为确保教学经费投入，学校将按一定比例上缴院系对外科技服务和短训班的收入，剩余资金留给院系用作教学经费。对急需项目的教学经费，学校将给予专项保证，确保经费得到保障。

（2）学校将开展教学管理研究，为教学管理干部提供相关培训，增强其专业知识。教学管理干部将结合实践与经验，不断提高自身素质，为其他教学管理人员提供理论基础和实践经验。

（3）为了提高教学管理人员的素质，学校和院系领导应该积极支持他们参加各种业务培训和学习教育科学理论，掌握管理专业知识和现代技术手段。在招聘教学管理人员时，应将其是否具备教育科学理论、管理知识和现代技术手段的能力作为考核条件，以确保招聘优秀人才。

教学管理模式经历了从全面直接管理到两级教学管理的转变。在这一过程中，校和院系应理顺彼此关系，并明确各自的职责和权力划分。为了确保教学管理在院系管理中拥有核心地位，校级职能部门应适当地下放权力到学院。只有这样，学院才能成为培养创新人才的中心，在学校的指导下为创新人才的培养提供良好的环境。

（三）健全学分制教学管理制度

高校通过选课制、导师制、弹性学制和三学期制等方式，可以完善学分制教学管理制度，培养学生的全面素质和良好思维习惯。这些制度能够激发学生的自主性、尊重学生的差异性、调动学生的积极性，帮助学生构建合理的知识结构，促进学生的发展。

1.完善选课制，发挥学生的自主性

学分制以选课制度为依据，使学生可以根据学校的要求，自主选择专业方向，自主选择课程和导师、上课的时间和进度。在学分制改革中，选修课的数量、比例以及学生可以享有多大的选修课自主空间，都是讨论的重点。对选课制度的改进，应从扩大选课数量、提高选课质量、加强对选课的管理与指导入手。这样，既可为学生提供丰富而优质的选修课，又可为创新人才的培育奠定良好的基础。

2.完善导师制，尊重学生的差异性

导师制是学分制成功实施的关键。它旨在发展学生个性，通过为学生制订个性发展策略和跟踪学术需求，提高学生学习的积极性和持久性，以提高教学质量。然而，由于师资力量不足，我国高校在推广导师制方面仍有待加强，需要从组织、思想和数量三个方面入手。加强导师制的推广工作，有助于促进高校教育质量的提升。

（1）设立导师委员会。为了方便导师工作的组织和管理，学校应建立指导教师委员会，各院(系)则建立指导教师工作组。委员会由各工作组负责人和学校相关职能部门负责人组成，其主要任务是召集、听取汇报、解决问题及安排工作。工作组主要负责指导教师的选择、责任的划分、工作方案的制定、信息的及时反馈以及交换工作经验和最后的评价。在任课期间，辅导员所做的工作应和报酬相结合。他们的表现将会被载入教务处，以备日后升职之用。

（2）为了推行导师制，需要让教师重视自身在本科教学管理中的责任，同时认识到导师制在教育中的必要性。高校应该积极加强对学分制的认识，从思想和行为上配合导师制的推行。同时，教学和科研相互促进，高校的基本任务是培养人才，而科研是提高教师水平、教学质量和学校水平的关键，因此，导师的职责不仅是完成教学和科研任务，还要关注学生的学习情况和专业知识方面的问题。为了提高学生的创新能力，导师还应该引导学生关注最新科研成果和前沿技术，并通过言传身教和人格魅力的感染，对学生进行潜移默化的思想教育。

（3）为提高学生的学习效果，高校可实行班级导师制。由于高校教师数量有限，实行真正意义上的导师制比较困难，因此可以将班主任和导师结合起来，采用班级导师制。本科生导师制是为了给本科生配备导师，师生比例略高，通常为1：18。在班级导师制下，一位导师带领三位年轻教师或高年级研究生，每位负责 6 位本科生。年轻教师或研究生将本科生的学习情况定期向导师汇报，同时向学生反馈信息。尽管这种方式难以达到导师直接指导学生的效果，但在教师数量远远少于学生数量的情况下，它是一种解决办法。

3.实行弹性学制，调动学生的积极性

弹性学制是一种基于学分制的教学管理制度。在这种制度下，只要学生达到学校规定的学分要求，就可以提前毕业。同时，学生也可以在中途停学，去工作或创业，延长学习年限，适应个人的学习需求。为此，高校应该建立灵活的弹性学制，以摆脱现行学籍管理制度对学分制的限制，激发学生的学习积极性。

弹性学制的建立可以为学生提供极大的自由度，让他们自主确定学习进程。具体来说，可以从以下三个方面进行改进：

（1）要突破专业壁垒，必须解决"跨系"困难的问题。对此，可以通过建立转学指导、评价、辅导、评价等方式来解决。由于转专业涉及学校教学资源的分配问题，因此必须在可行的范围内进行。高校应当允许学生在规定学制范围内选择辅修专业，并将其修读的课程学分作为主修专业的选修课学分。此举不仅可以打破专业壁垒、扩宽学科视野，还可以满足学生的学习兴趣，激发其学习积极性，提高其综合素质和竞争力。

（2）为了充分发挥高校教育的作用，应该使学习年限具有灵活性，以更好地适应学生的需求。当前的学年制假设所有学生都拥有相同的学习能力，这不符合因材施教的原则。高校应该实行灵活的学习年限制度，让学生自主选择学习方式和时间。具体措施包括：①允许学生延长学习年限，在1.5倍或2倍于学制的时间内完成学业；②允许学生分阶段完成学习，包括边工作边读书、先工作后读书等；③允许学生自由申请休学或停学，不受过多限制。例如，河北经贸大学采取了"让路"原则和"三明治"模式，为学生提供实践机会和支持。这些措施可以减轻学生学习压力，提高学习效果，同时让学生有更多的自主权和选择权。这种方式可以给学生提供更多的时间来思考自己的职业发展规划，同时减轻学习压力和精神负担。

（3）建议改革学位制度，以提高学生的学习体验和毕业后的就业竞争力。学生提前毕业后不能立即获得学位证书是一个问题，因此应该解决这一问题。只要学生修满学分并获得毕业资格，就应该授予他们毕业证书和学位证书，否则提前毕业就没有意义。另外，应该取消离校后不授予学位证书的限制，学生可以获得副业证书或结业证书，然后回到学校重修未通过的课程并完成所有学分，然后领取学历证书和学位证书。虽然这种改革会增加管理人员的工作量，但它为学生带来了方便，同时也体现了以学生为本的教学管理原则，使学生能够在学习中充分发挥主动性、积极性和创造性。

4.实行三学期制，培养学生的全面性

高等教育的改革与发展是伴随着社会的发展而逐步推进的。但是，长期以来，我国高等院校所使用的两学期教学与管理体制，已无法与目前全面实施的学分制相适应。为与学分制相适应，笔者认为应将两学期学分制改为三学期，以缓解选修课与必修课、理论课与实践课的矛盾。

（1）三学期制的学期划分。所谓三学期制，就是将一个学年分为春季、夏季和秋季三个学期。秋季学期通常开始于九月中旬至农历新年前两个星期。春季的课程一般是从农历新年十天后开始，一直持续到六月中下旬。经过一个星期的休息后，开始八到九周的夏季学习。在实施三个学期的同时，要强调夏季学期的特点，不要把暑假当作一个学期的延伸。

（2）夏季学期的课程设置。夏季学期作为三学期制的重要组成部分，其课程设置应遵循灵活多样、实用性强、适度紧凑的原则。具体来说，夏季学期的课程可以分为四个部分：第一部分是选修课，它应该具有内容新颖、难度适中、时间短暂的特点，以满足学生对于知识的需求。在选课方面，学生应该按照要求进行申报，试听三天后确定选课方向，并完成规定的学分要求。未达到规定学分的学生将不能毕业；第二部分是实践性课程，利用夏季集中的学习时间，安排实验课、实习或社会实践，以提高学生的实践能力；第三部分是学术专题与讲座，利用夏季学期聘请国内外专家进行学术报告或专题讲座，提高学生的学术素养；第四部分是外语活动，提高学生的外语应用能力。

（3）夏季学期的师资安排。在夏季学期的师资安排中，教师需要对课程进行精简和优化，以适应春、秋两学期的学时缩短。此外，学校还需开设符合社会、学科和学生需求的新课程，保证完成规定的教学工作量。为了充分利用校外资源，学校可以邀请国内外知名学者来校讲座或者开设短期课程，增加课程内容的多样性。此外，这也为本校教师提供了进行高层次学术交流的机会。

（四）构建高校教师培训体系

我国高校教师培训的目的是提高教学水平和学生质量。尽管已取得进展，但仍存在人才培养方面的问题。这些问题主要体现在三个方面：

1.注重业务培训，忽视师德培养

当前，高校教师培训普遍存在功利性，主要关注提高学历、评职称和出国进修等方面，而忽视了师德培养。即使进行了师德培训，也往往只注重短期的课程，难以全面提高教师的职业道德修养和思想政治素质。

2.注重学历培训，忽视非学历培训

教师培训应更加注重提升教师的综合素质，而不仅仅关注学历的获取。

3.注重培训过程，缺乏培训考核

目前，我国高校教师培训工作侧重于过程，而缺少考核、监督和评价机制，致使其总体表现不够理想，严重制约着高校教师教学水平和综合能力的提升。这不仅影响了教师培训的目的，也影响了教师的思想素质、教学水平和综合能力。

为了解决这些问题，高等学校师资培训工作应当坚持一系列原则。主要内容包括：立足国内，以在职为主，加强实习；采取多种形式，注重中青年教师的培养，注重高级人才的培养。在此基础上，进一步加强教师道德建设，提升教师的教学与科研水平，从而促进高校的发展。建立一个完善的师资培训制度，必须包括师资培训的目标、形式、内容、评价和资金来源等。这些方面需要统一规划和管理，确保教师培训工作的质量和效果，使教师能够全面提高自身素质，进而促进高等教育事业的发展。

（五）协调教学与科研的关系

要协调好教育与科研的关系，必须要明确教育与科研的定位，并在此基础上，进一步推动教研成果的转化。

1.明确学校的定位

高校可以划分为三种类型，即科研型、教学研究型和教学型，不同类型的高校侧重点是不同的。研究型高校主要从事的是与国家长远利益相关的基础科学研究，以及国家重大科研项目的研究，但是仍然需要把重点放在教学上，给那些取得了优异成绩的老师们以学术上的尊重。

2.调节教师的心态

教师的急功近利心态不利于高校的教育事业发展，需要进行调节。外部调节应该着重提高教学的认可程度，建立公平有效的评价标准，确保教学型教师能够获得与科研型教师相同的尊重和地位，改变教师们的心态，让他们更加关注教学，并重视其重要性；内部调节则需要教师加强自身的道德修养，正确处理教学和科研之间的利益矛盾，以平衡发展。他们可以尝试将自己的研究方向与教学相结合，将科研成果应用于教学中，从而提高教学质量，同时也为自己的研究工作提供实践基础。

3.建立公平而有效的评价机制

要想对教学水平展开科学的评价，就必须要结合学校的办学特征，对教学与科研在教师评价中的比重进行权衡，并将教师的教学工作量、教学水平和效果、创造性思维等因素作为参考。从教育价值、学术价值和社会价值三个角度出发，构建一套科学的评价指标体系。

4.促进教学与科研的相互转化

大学作为非企业、非科研院所的机构，从事科研工作应该与学生培养紧密联系，不应该脱离教育学生的本质而单纯进行科研活动。科研与教学应该相互转化，成为联系科研与学生的纽带。

以下是科研成果对教学转化的体现方式：

（1）通过教授和学科带头人为本科生提供讲座和上课，将科研成果转化为具体的教学内容。

（2）教师应该在课堂上传授最前沿的学科动态，而不仅是已有的学科知识，使学生能够了解最新的科研成果。

（3）教师可以将科研成果融入教材，带入课堂，甚至带进实验室，使学生能够更深入地理解科学知识。

（4）教师采用研究型教学，加强师生互动，让学生主动参与获取知识的过程，从而提高学生的科学素养和创新能力。

（5）吸收高年级本科生参与科研，培养其科学精神和创新能力，通过学生参与科研来促进科研成果的转化。

（6）积极开展大学生课外科技活动，加强对学生的创造性实践与训练，帮助学生更好地将科学知识应用于实践中，从而提高其科技创新能力。

教师通过教学和实验，可以发现新的科研方向。教师的科研成果不仅可以帮助他们攻克教学中的难题，还能满足教学改革的需求。大学教师，特别是高水平教师，应该努力创造更多的原创作品。这不仅可以让他们拥有更多的东西可以传授给学生，而且还可以丰富教学内容。同时，协调好教学和科研之间的关系有助于提高教师的教学和科研水平，促进创新人才的培养。

二、高校教学管理体制创新的实验研究

现今社会对人才的要求日益提高，高等教育面临前所未有的挑战。为应对这种变革，高校正在进行广泛深刻的改革，其中包括建立教学改革实验班。教改实验班是高校的一种探索，旨在培养更适应未来社会需要的人才。

（一）教改实验班教学管理体制的创新

各高校的教学改革实验班，尽管其办学形式、培养模式和管理模式不尽相同，但是其培养目标却具有惊人的相似性。总体而言，这些实验班的培养目标是培养高素质、具有创新精神和实践能力、具备国际竞争力的复合型人才。这就需要在教学管理体制上展开以下创新：

1.教学管理思想创新

"十年制高等教育"是将本科教育和研究生教育整合为一个整体，重点仍在本科教育阶段的基础教育，专业教育则在研究生教育阶段进行。虽然"十年制高等教育"是一种新思路，但是因为各个大学之间的不同，这个概念并不能完全应用到每一个教育改革实验班，需要具体情况具体分析。

2.教学管理方式创新

教改实验班在教学管理方面采用了一种不同于其他班级的分段式管理方法。该方法将整个教学计划分为基础教育和专业教育两个阶段。在基础教育阶段，即入学后的前两年，学生不再按专业分班，而是按照大类课程学习，共同接受基础教育。在专业教育阶段，即第三和第四年，实验班学生按照培养计划接受专业知识教育，并可以提前参与科学研究，以便更好地应对未来职业发展的挑战。

3.教学管理制度创新

某些高校的教改实验班，采用了完全实施学分制的方式。以元培计划实验班为例，该班推行了基于自由选课的学分制度，学生在教学计划和导师指导下，根据个人兴趣和志向进行课程选择，并制订个人的学习计划。学生在进入该班后的第二年，配备了导师，导师会根据学生的特点、特长和志向进行全程指导，包括专业选择、选课和学习计划的制订等。学生可根据自己的实际情况，自行制订三至六年的学习时间，三年后毕业。四年之内没有完成大学课程的学生，可以继续进修，直到修满学分。学习成绩合格的学生可以在第二年末或第三年初自主选择专业，但需要在学校教学资源允许的情况下进行选择。

4.教学管理过程创新

教学管理过程创新的三个方面是：加强基础教育、聘用优秀教师和培养科技创新能力。

（1）加强基础教育是教学管理创新的关键之一。教改实验班采取了"加强基础、淡化专业、因材施教、分流培养"的教学理念，不分专业招生，要充分发挥综合性大学的学科优势和教育资源，把基础教育和宽口径的专业教育有机地结合起来，注重培养学生的基础、能力和素质。

（2）聘用最优秀的教师也是教学管理创新的重要举措。教改实验班配备全校最优秀的师资，为学生提供高质量的教学服务，提高教学质量。

（3）培养科技创新能力是教学管理创新的又一重要方面。开设教学改革实验班的院校，为学生提供了参加学术活动、进行国际交流的机会，从而提高他们的科技创新能力，提高其竞争力和综合素质。

（二）教改实验班教学管理体制创新的启示

教改实验班在各高校扮演着教学改革的"试验田"角色，具有先行者的使命。学校为此提供各种优惠政策，使实验班的创新在教学管理体制上得以体现并展现出其优势。然而，由于学校条件的限制，短期内难以在全校范围内推广。但是这并非否认教育改革中的"实验性"教育改革，而是说明了在教育改革中，我们应该采取什么样的措施来进行改革。

1.教务体制改革

为了更好地满足学生需求，教学管理制度需要进一步改革。这包括实行更为自由的选课制，为学生提供更多的课程选择机会。同时，建立更利于学生学习的导师制，帮助学生更好地制订个人学习计划。另外，采用按学分注册、缴费、毕业的学籍管理制度，可以更好地管理学生的学业进展。对教师来说，教育管理体制也有待完善，尤其是对教师创新能力的培养。为了创造一个有利于教师发挥创造性的宽松环境，可以提供更多的教育资源和技术支持。

学分制的核心在于更为自由的选课制度，在教师的引导下，学生在选择专业、选择课程、选择教师和学习过程上，具有较强的自主性。实行导师制，实行全校招生，本科生可由副教授或教授担任学业导师。导师需要每年接受业绩考核，以作为职称晋升和岗位聘任的基本条件。在全面实施学分制之后，按学分收费将成为必然趋势。举例来说，新生的第一学年可以不参加选课，但需按照国家规定的标准缴纳培养费。第二年开始，学生可以按所选学分注册，并按照当前学年的收费标准折算的单位学分收费标准计算。以此类推。

学校通过职后继续教育的方式来培养教师的创造力。由于科学不断发展变化，教师的知识必须不断更新以适应教学需求。教学管理部门要以学校的总体目标和学科要求为基础，制订一份教师培训计划，具体内容有：选择培训人员的条件和方式、培训内容和方法、培训时间和资金，以及培训期间的待遇。这些规划旨在确保教师能够获得必要的知识和技能，以提高他们的教学能力和创造力。

为创造创新环境，学校可以从物质和精神两个方面入手。在物质方面，学校应该加强硬件设施建设，为学生们提供先进、完整的科研实验室、教学研究室，并对多媒体教室进行完善，建立校内信息网络、图书馆、科技资料室等，还要对校园的环境进行美化，为教师提供良好的工作环境；在精神层面上，学校要创造一种民主、公平、自由的氛围，要对教师的人格与生命的价值给予充分的尊重，要对教师的教学与科研工作表现进行客观的评估，要注重教师的研究成果与劳动的价值；对老师的不同的学术见解等加以包容。

2.改变教学管理模式

在"以人为本，以生为先"的教育与管理思想的广泛传播下，大学将加快教育与管理由以师为本向以学生为本的方向发展。这种变化的具体体现是：分阶段教学管理，学生参与学术研究、国际交流。

第一，两段式教学管理是指高校教学管理部门将以通识教育与专业教育的有机结合为核心，实施强化基础、淡化专业的教学管理模式，以实现培养具有厚实基础、强大能力和高素质的人才的目标。不同的学校采取不同的方式，如2+2模式或1+3模式等。

第二，学生参与学术研究是为了充分发挥学校的优势，建立一支高水平的教师队伍和一支强而有力的科研力量，为学生提供一个科学研究的培训平台，使其具有创造性思维。学生参加学术研究的方式有三种：

（1）参与导师的课题研究是必不可少的，这样可以亲身体验科研工作，获得导师的指导和悉心培养。

（2）参加校内科学研究培训计划，既可以提高学生的团队协作意识，又可以提高学生的动手技能，同时也有机会接触各种前沿技术和方法。

（3）我们还可以通过参与各种学术沙龙、学术报告会和学术交流，从而提高对本学科的认识，拓宽自己的视野，同时也可以结识同行，建立学术人脉。

第三，高校应积极促进对外交流，为学生提供丰富的经验，加强其国际竞争力。学校应拓展多样化的交流渠道，如校际、校企及国际之间的交流，以便本科生在校期间获得更多的出国交流机会。交流形式包括短期课程学习、短期培训、技术实践和文化交流等，这些交流活动可以帮助学生拓宽视野、增长知识、提升问题思考能力。

第四章　高等教育信息化建设概述

第一节　教育信息化的起源与内涵

在 20 世纪 60 年代末期，日本学者率先从社会产业结构的演变角度提出了"信息社会"和"信息化"这两个概念，探讨未来社会的发展趋势。其中，"信息社会"是一个高度发达的、以信息工业为主导的社会，"信息化"是一个由信息技术发展到信息社会的进程。就"信息化"的含义而言，是指人们对信息技术有了更多的认识，对信息技术的应用有了更广泛的了解，对行业的发展也有了更高的要求。就其外延而言，主要是指一国或区域所处的资讯环境。简单地说，信息化就是经济与社会服务的信息化。随着网络技术在我国的迅速普及，自 20 世纪 90 年代末期以来，人类社会的整体发展就与信息化紧密相关，而信息化对于人类社会发展的作用也引起了人们的广泛关注。信息化是通过信息技术来促进社会的各个领域和各个层次的生产力的发展，而要实现信息化，就必须要建立起一个信息社会。

在社会信息化进程中，教育信息化是一种越来越重要的趋势。美国前总统克林顿于 1993 年推出"资讯公路"计划，将资讯科技运用于教育界，是进行 21 世纪教学改革的一项主要措施。这一举措在国际上产生了很大的影响，很多国家都纷纷制定了相应的信息化发展规划，并提出了各自的发展方向。

20 世纪 90 年代以后，在世界范围内出现了一种趋势，即在世界范围内普遍使用信息技术，这一趋势被我国学者称之为"教育信息化"。目前，"教育信息化"这个概念已经被政府各类文件正式采用，对其工作给予了高度的关注。

"教育信息化"这一概念在中国已被广泛使用，但目前尚无一个统一的定义。然而，在众多定义中，"过程说"是主要的一种定义方式。

教育信息化是一项系统化的工程，它是在先进的教育理念的指引下，将信息技术运用到教育和教学中的每一个环节，对信息资源进行深度开发和广泛利用，从而培养出能够满足信息社会需求的创新型人才，加快教育现代化进程。

具体而言，就是要充分利用现代化的信息技术，充分利用各种先进的信息技术，充分发挥教学资源的优势，对教学过程进行优化。

华东师大教育信息网络中心主任祝智庭教授提出的定义更加强调了教育信息化是一个动态的、持续发展的过程，对教育信息化的范畴和范围进行了界定，并强调了教育信息化的初始动力和直接目标，也就是将现代信息技术运用到教育中，其结果必将是一种新型的教育形式——信息化教育的诞生。

教育信息化指的是在国家和教育部门的指导下，通过对现代信息技术的广泛应用，推动教育现代化的过程。这种教育现代化旨在改善教育系统的各个领域，包括教学、管理、研究等方面，从而提高教育质量和效率。教育信息化需要统一规划和组织，确保各个领域的深度和广度，从而实现教育现代化的快速发展。

首先，教育信息化是为实现教育的现代化而服务的。其次，为推进我国教育信息化，必须由政府与各有关方面共同制订计划与安排。再次，要在教育体系的所有方面都大力推广和深化现代化的信息技术。最后，要逐步推进，不断发展，但在实施过程中，必须以现代化的教育理念为依据。而要把现代化的信息化技术运用到教学工作中，又离不开教学资源的支持。所以，在实施教育信息化的进程中，不仅仅是将现代信息技术与教育技术进行简单叠加，更重要的是将现代信息技术与教育技术结合起来。

这里主要关注"过程说"的缘由。教育信息化是一种全面运用现代信息技术在教育各领域中实现的过程。强调"过程"的原因主要有以下三个方面：首先，全面运用现代信息技术需要大量资金投入。教育信息化的起点因地制宜，教育信息化的内容和侧重点在不同地区也有所不同，需要逐步推进。完成教育信息化这一系统工程需要花费大量时间和金钱，不可能一蹴而就。其次，信息技术在教育中的综合应用，不仅意味着教育的信息化，而且意味着信息技术与教育的一体化。融合将导致教育理念、内容和方式的转变；教育评估、教育环境、教育管理都发生了深刻的变革。这种变革，是一个长期而艰难的过程，它也是教育信息化的一个组成部分。最后，任何技术的发展都不会有终极点，信息技术作为一种朝阳技术也不例外。教育信息化需要不断地进行技术更新和改进，以满足不断变化的需求和挑战。因此，教育信息化是一个不断发展的过程，需要长期持续的努力。

教育信息化的发展是一个不断演进的过程，因此，我们无法仅仅根据现有的信息技术水平来制订一个永远适用的标准。同样地，我们也不应该用现有的教育信息化标准来限制未来的技术发展。这意味着我们不能用一种静态的观点来看待教育信息化，而应该将其视为一个动态的、逐步推进的、不断发展的过程。

教育信息化旨在提高教育教学效率，并有效利用信息技术改变教育教学组织和管理方式。为达成这一目标，教育信息化充分利用先进信息技术，如网络、数据库和多媒体、数字化和标准化教育教学工作和信息数据，并实现技术数据共享，提高信息资源共享和可再利用性。这有助于缩短教学周期，降低教育成本，提高教育质量。将数据环境与虚拟课堂教学相结合，是教育信息化的长远目标。这样一来，地理位置不同的学校就可以围绕教学内容和学习阶段，通过网络和统一标准来交流信息，从而达到数据共享的目的，从而更好地组织教学活动。

"教育信息化"与"教育手段现代化"是两个不同的概念。二者既不相同，又紧密相关。教育手段的现代化，强调的是技术变革的过程，主要是指在教学中，技术的发展和手段的更新。因为信息技术作为一种主要的技术，必然会渗透到教育的各个环节，因此，教育手段的现代化就是教育中的信息技术的发展。而教育信息化则包括了信息技术应用在内的教育信息资源的开发和利用、思维、观念、组织和管理方式的变革等重要内容。

第二节　高等教育信息化的特征

祝智庭先生认为，教育信息化的特点，可以分为技术层次，也可以分为教育层次。在技术层次上，它具有数字化、网络化、智能化、多媒体化等特点；在教育层次上，它具有开放、共享、互动、协作等特点。就高校信息化而言，由于是一项产业信息化，所以也应该注意到它的特殊性。为此，本文拟从四个角度对我国高等教育信息化的特点进行分析。

一、高校信息化注重教育和信息技术的融合，注重将科学教育和人文教育有机地结合起来

现代化教育理论已经打破了传统观念，即认为教育是非生产部门的产业。现代教育观认为，教育不仅是生产专业劳动力的过程，同时也是社会再生产体系的重要组成部分。因此，现代化教育被视为生产性投资，可生产出人力资本和知识技能。在数量和质量上，现代教育要满足现代化生产的需要，其中就有信息技术人才的培养。信息化是当今世界经济发展的主要动力，而在国家间的竞争中，人力资源已成为决定国家竞争力的决定性因素。所以，在现代教育体系中，信息化教育是一个非常重要的环节。对信息技术的投资是现代教育的必然选择。资讯科技是以电脑、多媒体及网络为代表的高科技产物，是对数位资讯进行分析与运用的主要工具。教育要以服务于经济社会发展为目的。教育信息化作为一种新型的社会再生产系统，在我国的发展过程中起着举足轻重的作用。但是，教育信息化并不能简单地把教学机械化，而是要把科学化与人文化相结合。傅德荣表示，尽管教育信息化能节省人力，但这并非教育信息化的最终目标。自古以来，人文主义教育就是一种教育制度，而中国的教育则更加重视人文主义的精神。所以，在教育信息化的过程中，要做到科学化和人文化相结合，既要以高科技的方式进行知识的传播，又要以人文为本，使机器变成活着的好老师。

二、高等教育信息化是一个全方位的、开放的过程

耗散结构理论认为，仅有开放系统才可向有序状态进化，而封闭系统则只能朝无序状态退化。因此，一个社会体系要想取得进步和发展，就必须不断地与外界进行物质、能量和信息的交换。当今信息时代以数字化、网络化为特点，而作为社会体系中的一个子系统的教育，随着信息化、网络技术的飞速发展，它已彻底打破了国家的限制；教育交流不分国界。教育信息化这一社会进程的特点是全球化、网络化、多元化、开放化。网络技术是教育信息化的重要手段，因为网络是当前最为开放的系统，具有公开、快速和广泛等许多特点。教育信息化的运用在国际上实现了全球教育资源的共享，缩小了发达国家和发展中国家在教育方面的差距。同时，它也有助于发展中国家学习和掌握最新的教育方法和发展趋势。在国内方面，教育信息化为整个社会打开了一扇大门，让许多没有机会进入大学或职业院校学习的人们能够一睹自己的风采。另外，在教育信息化的推动下，学校与专业间的全面交流，尤其是高校之间的横向联系，对于高等教育事业的发展非常重要。

三、高等教育信息化突出终身教育、学习社会化

教育信息化是教育多元化改革的必然结果，它的核心理念是对多种教育模式的宽容与包容。这包括学校教育、在职培训、社区教育、各种教育方式都能被一视同仁。而教育的多元化，则是指学习与教育在时空上的灵活性，从而形成一个"终身学习"与"终身教育"的网络。在这种网络环境下，人才的培养标准、教学内容能够随着社会对人才的需求结构的改变而进行自我调整，从而达到对人才的不同要求。互联网的广泛应用，为实现终身教育提供了契机。学生可以"足不出户"，从而摆脱了"日出而作，日落而息"的传统教学模式。在网上教室里，学生可以随时获取最新的教学资讯，并能随时搜集到相关的教学材料。从 20 世纪 70 年代开始，"学习化社会"在世界范围内逐渐成为一种主流教育思想。世界上许多国家都在不断地进行着对终身学习、终身教育以及学习化社会的探索和实践。学习化社会是一个人人都

能终身学习的社会，它是社会发展的重要途径和手段。终身教育与社区教育是建设学习型社会的主要方式与方法。推进终身教育是促进我国高等教育信息化、现代化的一种重要途径。因为终身教育提倡的是学习的终身制度，也提倡学习者进行自主学习，而教育信息化则为这种模式提供了支持和服务，二者相互促进。

四、教育信息化表现在教学上具有创造性、灵活性和个性化的特征

教育信息化是一种教学模式，在这一课程中，我们提出了一种"以人为本"，注重"以人"的个性发展，注重师生两方面的积极性。教育的基本目的在于促进学生的身心健康，并依赖于学生智力的提高和人格的发展。在教学内容上，教育信息化把重点放在了与现代科学技术发展趋势相一致的课程、教材的变革上，并积极吸纳现代科学技术发展的新成果。课程设置强调文理渗透，提高综合学科和边缘学科在课程设置内部结构中的比重，并努力拓宽学生的智慧空间与思维范围。在教学方式方面，教育信息化主张对传统的教学方式展开变革，并将重点放在利用网络技术和多媒体技术上，并在各项教学活动中，注重对远程教育与课堂教育的最佳结合。强调"倡导自学""实施启发""注重反馈""注重实效"。在教学组织方面，教育信息化可以对各种形式进行灵活运用，让单一的在校学习制发生变化，对学习活动的社区化、家庭化、合作化进行鼓励。教育信息化的实施需要全社会的共同努力，包括政府的政策支持、教育机构的改革、教师和学生的积极参与。只有这样，才能真正实现教育信息化对教育的全面改革和提升。

第三节　高等教育信息化的要素分析

高等教育信息化包括六个要素：信息网络、信息资源、信息技术应用、信息技术产业、信息化人才和信息化政策法规。这几个方面的因素是相辅相成的。在这些内容中，以信息网络为基础、以信息资源为核心、以信息技术应用与信息资源的利用为目标；而信息化人才、信息化产业、信息化政策法规，这些都是保障。这些要素共同作用，推动高等教育信息化发展，提升高等教育质量。

一、信息网络

高等教育信息化建设的关键之一是信息网络。这不仅是实现高等教育信息化的物质基础和前提条件，而且是非常重要的内容。在中国，中国教科网、"数字校园"项目和普通电教室、多媒体综合电教室和计算机教室等已建成并投入使用。计算机辅助教学、网络教学、语言实验室、电子阅览室等，为中国高校信息化打下了坚实的基础。

二、信息资源

高等教育信息化中的信息资源是指在教育过程中所涉及的各种信息内容和数据资源。随着科技的发展和教育改革的推进，高校越来越重视信息资源的有效管理和利用，以提升教学质量和学生学习效果。

首先，信息资源包括丰富的教学内容和学习资料。通过数字化技术，教材、课件、学术论文、研究报告等可以以电子形式存储和传播，方便学生随时获取和学习。这些信息资源不仅拓宽了学生的知识面，还促进了教师的教学创新和教学效果的提升。

其次，信息资源还包括学生学习数据和个人信息。学生在学习过程中产生的学习记录、考试成绩、选课情况等数据可以被整合和分析，为学校和教师提供决策依据和个性化教学支持。同时，学生的个人信息需要得到保护，确保信息安全和隐私保密，以维护学生权益和教育公平。

此外，高等教育信息化还涉及教学设施和技术资源。数字化教室、在线学习平台、实验室设备等都属于信息资源的范畴。这些资源的优化配置和有效利用可以提升教学效果，创造良好的学习环境，促进教师和学生之间的互动和合作。

三、信息技术应用

高校信息化的基本出发点与目标，就是高校信息化建设。高校信息化建设是高校信息化建设的重要内容。教育信息技术的应用是教育信息技术的重要体现。在信息化建设中，要做好四项工作：首先，要进行与思维、理论、方法等紧密联系的"潜质"建构，从而为信息技术教育的实际运用提供指导；因此，在实际应用中，这将直接影响到工程的质量与效果。其次，要根据本地的实际情况，选择合适的教育对象，选择合适的教育方式。再次，要增强民众对资讯科技的使用兴趣，加强资讯科技的基础能力。最终，有必要在各个层面上，对信息技术与课程整合进行理论研究与实践，并将其作为学校信息技术教育应用的主要任务。通过这些任务的完成，高等教育的信息技术应用将得到有效的推进，从而实现高等教育信息化建设的目标。这不仅有助于提高教育质量和效率，也能够满足人们对现代化教育的需求。

四、信息技术产业

信息技术是一种综合性体系，它包含了信息的采集、加工、存储、交流和应用等方面的手段和方法。手段主要包括印刷媒体、电子媒体和计算机网络等各种信息媒介，这些媒介是信息技术的物化形态。信息技术的核心是信息的数字化和信息传播的网络化。这些方面对于高等教育信息化具有重要的意义，信息技术在高等教育信息化中扮演着技术支柱和驱动力的角色。因此，开展信息技术研究是十分必要的，这不仅能够丰富高等教育信息化的研究内容，更重要的是能够将新的物态技术和智能形态技术运用到信息化教育中，从而提升信息化教育的质量和效果。

信息技术产业包括信息技术设备制造业和信息技术服务业。由于设备制造业需要强大的技术和资金支撑，因此在我国的高等教育信息化进程中，不同社会部门应合作共同推进信息技术产业的发展。教育信息技术产品的制造业可以由教育系统、科研院所和相关企业等部门共同参与，以便教育系统能够将精力从集中在教育信息资源的开发和利用上解脱出来。这种合作有助于各个部门的优势互补，从而更好地服务于教育信息技术产业的发展。

五、信息化人才

高等教育信息化需要优先培养相关人才。这类人才要求具有较强的计算机基础知识和较强的计算机应用能力。高校信息技术人才包括"通识型"和"专门型"两类。通识型信息化人才是指在教育领域中，从事教学、管理和其他服务工作的人员，他们所必须具备的信息技术知识、能力和素质。专业型信息化人才，指的是专门从事教育信息物态化技术和智能形态技术的研究与开发，以及高等教育信息化建设、应用和维护的专业人才。为了实现高等教育信息化，需要大量培养这些人才，以满足高等教育信息化发展的需求。通识型高等教育信息化人才应该具备基本的信息获取、分析和加工的能力。而对于专业型高等教育信息人才，他们需要拥有更高的要求和更细分的职责，如高级软件人才、网络工程师等。高校是培养信息技术人才的主要阵地，它不仅要重视高等教育领域的信息技术，培养出具有一定普遍性的信息技术和专业性的信息技术人才，而且还肩负着为全社会提供信息技术人才的重任。

六、信息化政策法规

高等教育信息化建设是一项系统工程。为保证高校信息化建设的顺利进行，各级政府及有关部门应从开发教育信息资源、建设教育信息网络、运用教育信息技术、推进教育信息产业等各个方面，要制订一系列的政策法规，来规范和协调各要素之间的关系。它既是高校教学管理工作的基础，又是高校教学管理工作的指导思想。唯有如此，高等教育信息化的规范化和有序化才能推进高校教学管理工作健康发展。

第四节　数字化教学中的管理与评价

数字化教学的管理是指在教育领域中具体应用的管理实践。这种管理实践建立在一般教育管理实践的基础上，旨在适应和优化信息时代的教育管理，提高整体系统效率。评价能力是学习能力的重要组成部分。学习过程和学习资源也是信息化教学的重要组成部分，并且是信息化教学评价的主要评价对象。数字化教学的评价涉及评估学生在数字化环境下的学习成果和学习过程，以及评估教师和教学资源的质量。

一、学习过程的管理

随着网络技术的广泛应用和教育改革的推进，学生的学习方式已经发生了巨大的变化。现在，通过各种学习媒体，人们可以进行自主学习或协作学习，无论时间和地点都不再是限制因素。这使得终身学习和全民学习成为可能，学习过程的管理也因此发生了较大的变化。从信息化教学的角度来看，学习过程的管理主要包括三个方面：学习过程的信息化管理、学校综合信息管理以及远程教学过程管理和系统管理。

（一）学习过程的信息化管理

信息化管理在学习过程中扮演着重要的角色。利用计算机的数据统计分析和信息处理功能，教师可以更好地管理教学职能，监测、调控、评价和指导学生的学习过程。CMI（Computer Managed Instruction，计算机管理教学）是教学的信息化管理的一种常见形式。在教学过程中，教师和学生构成了一个信息传递系统，我们需要从中考查学生的行为表现，获取关于学生学习情况的信息，以便根据情况及时调整教学策略。CMI 系统提供了帮助教师进行有效教学决策的重要信息，以提高教学活动的效率。因此，教师需要深入了解和运用 CMI 系统来优化学习过程的管理。

　　CMI 系统是一种复杂的信息管理系统，其结构和功能各不相同。通常，CMI 系统主要实现以下一些功能：

　　1.目标管理：允许教师描述教学目标，可根据系统管理水平的高低，设定大到培养方案、小到教学单元的不同目标。

　　2.资源管理：旨在最大限度地利用时间、空间和教学媒体，根据系统提供的处方为学生分配资源，保证教学需要，是动态、经常进行的资源分配。

　　3.教材管理：帮助教师收集、编制和管理各种学习材料，可包括计算机内存储的课件或其他媒体教材的索引。

　　4.习题生成：采用特定格式的习题模板，自动生成问题。

　　5.题库管理：允许定义试题的格式和属性，提供试题存储、检索、修改和删除等功能。

　　6.测验生成：智能化测试系统允许教师根据测试的目标、范围、难度等属性，从题库中自动抽取试题生成试卷。生成的试卷可以作为书面试卷供脱机测试，也可以保存为电子试卷供联机测试。

　　7.测试评分：测试系统能够对试卷进行评分。一些智能化测试系统具有适应性测试功能，能够根据被试者的表现实时调整试题难度和测试时间，尽可能用最少的试题测出被试者的真实水平。

　　8.学习诊断：智能化测试系统可用于确定学生的学习进程是否符合预定目标。目前多数系统只能进行表征性诊断，即根据学生在单元测试中的结果，判断学生是否达到"掌握"程度。

　　9.学习处方：根据学习诊断的结果，智能化测试系统为学生分配适当的学习任务，包括前进处方和补救处方。

　　10.学习记录：智能化测试系统需要大量的数据支持，包括静态数据和动态数据。静态数据如课程文件、学生名册、教学资源等，通常在系统建立时就已装载。系统的学习记录负责动态数据的采集，如测试数据、学习跟踪数据等。

（二）学校综合信息管理

一般来说，学校的综合信息管理模块包括教职工信息管理、教务管理、学籍管理、图书管理和总务管理等功能。

1.教职工信息管理：该系统是针对学校的教职工信息管理而设计的。它主要包括录入、修改、查询、统计分析、上报和发布教职工人事档案、业务档案和继续教育情况等数据。用户可以通过代码方式或键盘方式输入信息，支持逐个录入或批量录入。管理员可以通过系统快速、准确地进行查阅统计、分析、汇总、上报和发布信息。此外，该系统还提供开放式的功能，允许用户根据学校的实际情况方便地修改库内容，建立自己所需的档案库。

2.教务管理：包括教学计划管理、自动排课表管理和题库管理等。教学计划管理主要涵盖教学计划的制订和执行情况，以反映各年级、各系和各学校的教学进展。自动排课表则是计算机根据多种因素，如教学规律、课程特点、教师和学生的要求、班级和教师条件等，自动生成适合条件的课表。题库管理系统则包括题库系统、试卷管理、考试系统和系统维护四个部分。题库设置的目的是满足各学科、各年级教学的需要，包括平时练习、测试、水平考试和选拔考试。智能化的题库管理系统可以根据各种测试目的和要求，配合人工辅助产生不同难度的试卷，并通过测试结果进行标准化分析。

3.学籍管理：学籍管理涵盖学生和毕业生档案管理以及学生成绩管理。

4.图书管理：图书管理功能涵盖图书采购、编目、检索、借阅、催还、报损和报刊管理，适用于一般学校图书馆和资料室。为了提高流通速度，学校可以采用条码识别器和IC卡等技术。此外，系统提供的检索程序可方便学生查找书目。

5.总务管理：总务管理涵盖资金管理、校产管理、教职工住宿管理、设备管理、程控电话管理、校办食堂管理、校办产业管理、修缮和维护管理等多个方面。

（三）远程教学过程管理与系统管理

网络通信技术的广泛应用，使得网络教学已成为远程教育的主流形式。因此，探索基于网络的教学系统管理模式，成为信息化教学管理的重要课题。

1.远程教学过程管理是其中的一个关键环节，主要包括学生管理、教师管理和专业课程管理三个方面。在学生管理方面，需要涵盖学生入学管理和学籍管理。其中，学生学籍管理主要包括学生注册、学习、成绩、毕业以及学位的管理。教师管理方面则包括教师远程教学档案管理、教师任职资格审查、教师任课及授课管理以及教师考核及评价管理。此外，还需进行专业及课程管理，包括专业设置和教学计划管理，课程设置和计划管理以及相应的教学计划、课程大纲及课程内容的发布等功能。

2.远程教学系统的管理工作主要涉及用户管理和网络系统教学管理两个方面。其中，用户管理包括用户组别、基于分组的用户管理、用户注册和账号管理、用户授权认证管理以及审计管理等方面。而网络系统教学管理则包括网络故障、网络配置、网络性能、网络计费以及网络安全等方面的管理工作。这些方面的管理工作都是十分重要的，对于保证远程教学系统的正常运行和高效性具有重要的作用。

二、面向学习过程的评价

面向学习过程的评价是根据教学目标对学习者进行的评价，它不仅考虑学生学到了什么知识，更注重学习者在学习过程中掌握的技能以及渗透出的情感、态度和价值观。这种评价方法基于学习者在学习过程中的表现，包括他们在学习过程中的参与度、表现、贡献等。

学习过程设计包含多种教学形式和方法，因此不同的教学形式和方法也需要采用不同的评价方法，并运用适当的评价工具。面向学习过程的评价有多种方法，包括测验、调查、观察、学习契约、量规、文件夹评价等。其中，文件夹评价和学习契约是两种重要的评价方法。

（一）文件夹评价

学习文件夹用于存放学生的"学习成果"，包括文章、美术作品、文学作品、试卷、调查记录、报纸剪辑、照片和会议记录等。将这些学习记录按照一定的顺序整理成文档，以便于回顾学习、自我评价和接受外部评价，包括课程在内。因此，学习文件夹不仅是一种物品，更是一种思想方法和做法。学生在制作文件夹时，需要决定文件夹内容和作品质量。制作和使用学习文件夹需要考虑三个因素：目的、评价标准和证物。

1.目的

文件夹的形式和内容很大程度上取决于其目的。如果文件夹的目的是评价，那么文件夹收集的内容应该是结构化或半结构化的。用于文件夹评价的内容和标准比较固定，学生只需要按照评价标准的理解，围绕主题充分发挥自己的能力，尽可能展示自己的学习成果和进步历程。老师需要花费大量时间和精力指导学生。如果文件夹的主要目的是辅助教学，那么可以使用半结构化或非结构化的方式来构建文件夹，让学生有更多的自由空间来发挥。

2.评价标准

为指导学生的行为并明确评价标准，许多人主张在文件夹中设立明确的标准、参数或行为指南。这些标准应该反映学生的参与和对标准的理解，规定他们的任务及评分方法。

3.证物

学生的学习成果可以通过不同形式的证物来体现。这些证物包括：在课堂上完成的作品、课外学习活动的记录资料、他人对学生学习活动的陈述和观察，以及学生个人反思等文件夹中的特有文件。这些证物在文件夹中的运用，是因为它们与学生达成的目标密切相关，而且每个证物都可以为文件夹增加新的信息。

当然，文件夹的评价并没有固定的模式，教师可以根据实际需要创造出适合学生的其他评价模式。

（二）学习契约

学习契约是学生和指导教师共同设计的书面协议，旨在确定学生学习目标、达成目标的方法、学习活动时间、完成证据和确认标准等。信息化教学的基本原则是以"学"为主，以"任务驱动"和"问题解决"为主线，因此学习契约是一种应该重视的评价方式，能够帮助学生在完成任务和解决问题时设定具体目标和依据，并进行客观合理的评价。

学习契约是一个持续不断、反复商讨的协议过程，注重教学双方在教学决策中的相互关系，以及学习者对学习结果的自我评估。通过学习契约，学生和教师可以在达成共识的基础上制订学习计划，并共同努力实现学习目标。同时，学习契约也可以促进学生对自己的学习过程进行反思和调整，提高学习效果。

设计学习契约通常需要经过以下步骤：首先，对学习需求进行诊断，确定学习的目标；其次，确定学习资源和策略，以及完成学习目标所需的证据；然后，选定评价证据的工具和标准；接下来，教学双方需要共同商讨学习契约并遵守；最后，评价学习活动的效果。通过这些步骤，可以确保学习目标得以明确，学习过程得以规划和管理，学习效果得以评估和改进。

制定学习契约的目的是让学习者养成规划学习的习惯，提高他们对自己学习的责任感。

要实施学习契约，需要以下几个步骤：首先，向学习者解释学习契约的目的；其次，提供一些学习契约的范例，并解释其中的重点；接着，要求学习者根据自己的学习目标、学习方法、学习时间、学习成果等要素，制订出可行的个人学习契约；然后，需要与学习者单独沟通，修正并确认契约内容；最后，按照学习契约进行学习，教师和学生一起检查学习过程和效果。

第五章　高等教育管理信息系统的发展前景

第一节　高等教育管理的机遇和挑战

一、高等教育管理创新在当前经济时代下面临的挑战

高等教育管理在当前经济时代面临着新的挑战。新经济以科技为燃料，以创业精神和创新为动力，对高等教育提出了新的要求。其中，高等教育管理的挑战主要来自于经济全球化进程的加速、最佳社会效益与经济效益的平衡、国际竞争与合作意识的培养、知识更新速度的加快、师资队伍建设和高等教育质量认证制度的建立等方面。

第一，在经济全球化加速、西方教育学的渗透、我国文化服务产业的不断发展等因素的影响下，高校政治学教育工作受到了很大的挑战。高校管理人员应对高校的思想政治教育工作做出应有的贡献。

第二，在实现社会和经济效益最大化的同时，如何对有限的高校资源进行科学合理的配置，这是高校管理必须面对的一个重要问题。

第三，当前的经济环境充满了竞争，但是合作并不会被排斥在外。为此，高校在制订人才培养目标时，必须突出培养学生的国际理解能力，注重培养学生的竞争与合作精神。如何培养大学生既能传承传统文化，又能吸纳多元文化，这是高校管理学面临的一个重要课题。

第四，目前经济时代知识更新的速度给高等学校在教学管理实践中提出了新的问题。教育经营的变革，既是教育经营的变革，也是教育经营的根本。

第五，高等学校的师资队伍建设也面临着更高的目标。在师资队伍建设

的过程中，不但要解决好对教师进行培训的问题，更要用新的理念来构建一支不同于当前的师资队伍管理的模式，从规模到结构、从形式到内在素质要求，甚至是薪酬管理体系，都是一种与当前的师资队伍管理不同的模式。这就是师资管理的难点所在。

第六，为进一步与国际接轨，构建和完善我国高校质量评价体系，必须构建多元化的高教评价体系。在新的经济条件下，高校专业人才要有全新的择业观念，亟须实现平等的起点。但是，高校的质量管理不是说说就能做到的，而是要在实践中去做。

总体而言，在新的经济条件下，高校管理在形式和内容上都将受到新的挑战。要迎接这一挑战，不仅要有政策导向，更要有高校经营改革。

二、高等教育管理创新的现实呼唤必要性

目前，随着高等教育的迅速发展，高校办学理念、办学体制、办学内容、办学方式等方面也正经历着一场深刻的变革。我国要实现高质量、健康、持续的高等教育发展，必须不断推进高等教育管理创新。管理实践表明，要实现企业的经营目的，离不开企业的管理创新。党的十九大报告强调，要全面深化教育改革，提高教育质量和水平。因此，要实现高校的全面发展，必须加快高校办学改革的步伐，提高高校办学质量。

（一）高校经营改革是市场经济发展的必然要求

高校的经营理念源于计划经济体制。我国高校在办学过程中，由于长期使用行政手段，在办学过程中出现了"行政制约"的现象，导致了高校办学中行政权过大、学权过弱等问题。在市场经济逐步健全的今天，我国高等教育一元化的格局逐步被打破，教育管理部门逐步转变了职能，并将权力下放给了高校；从政府对高校的微观管理向宏观管理转变，从纯粹的行政管理向市场化、法制化发展。高校经营要突破传统的"计划经济"思维方式，积极地与社会主义市场经济相适应，就需要进行创新。

（二）高校经营改革是知识经济发展的必然要求

高等教育是知识经济发展的必然要求。知识经济的发展，给传统的高等教育理论带来了新的挑战，它需要在改变教育理念和思维方式的基础上，进行制度、管理和技术的创新，在遵循高等教育规律的前提下，将高等教育规律和市场作用相结合，并与之保持一致。而符合知识经济发展要求的高等教育，则需要有自己的内部动力机制，要有多元化的办学模式；要实现高等教育资源优化配置，走内涵发展之路。为此，高校要从经济、社会发展的内部需求出发，确定自己的办学策略，构建自己的办学模式，这是高校办学体制改革的基础。因此，在当前的时代背景下，高校管理体制改革是必然趋势。

（三）高校经营改革是高等教育普及的必然要求

到 2017 年年底，全国高校共有 2914 所，各类高校的在校生数量达 3779 万人，高等教育的毛入学率已达到了世界上普遍接受的普及教育水平。但是，在高等教育普及化的基础上，必须实现教育质量的保障。办学水平的高低，直接决定着教育水平的高低。在我国高等教育的发展进程中，我们必须正视并解决好"量"与"质"的矛盾。如果不能保证教育的质量，它的规模再大，也是一种浪费。如果一味强调办学的质量，忽视办学的规模，势必会导致办学效率低下，难以实现可持续发展。为此，在高校由精英走向大众的过程中，高校在管理理念、具体管理制度、管理运作模式等方面，都需要进行相应的调整，并对其进行重新定位与构建。这就需要高校在确保办学质量的同时，不断完善办学体制，加大办学创新力度，以最大程度地满足社会大众的需要；这是一项符合普及高等教育需要的工作。

（四）高等教育国际化促进了高校管理的创新

随中国加入 WTO 后，高等教育开始进入国际化时代。一方面，入世后，我国高等教育服务业在对外贸易中的竞争将更加激烈，高校的国际竞争力将成为我国高校发展的一个重要指标；另一方面，随着入世，我国的高等教育事业将面临全方位、多角度、深层次的对外开放，国外先进的办学理念和管理理念、充裕的办学经费,给我们的高等教育带来了机遇,也带来了挑战。这就要求高校在面对高等教育全球化的强大冲击时,要实现高校管理的创新。

（五）高校管理创新是高等教育法治化的需要

高校法治建设是保证我国高等教育优先发展的战略目标,是实现"科教兴国"目标的重大战略举措。从宏观上讲,要强化国家对高校的宏观管理,突出高校的自主性,重点是依法治教和依法管理。近几年来,国家对教育的重视程度不断提高。尤其是在入世以后,我国的高等教育事业即将走入全球范围的情况下,高等教育事业的法治建设就变得更为紧迫和现实需要。在我国高等教育逐渐走向法治的今天,高校管理也要走一条创新的道路。

（六）信息化对高校管理创新的促进作用

随着信息技术的飞速发展,计算机信息系统不仅仅是信息的储存、加工处理和传递的工具,它还在构建科学的决策机制、优化资源配置和组织机构、提高人员素质等方面发挥着非常重要的作用。资讯科技的飞速发展,会让整个教育架构发生翻天覆地的变化。现代信息技术作为一列"特别快车",加快了高等教育的发展,使教育的交流与管理方式发生了一次巨大的飞跃。随着高校信息化建设的深入,高校信息化建设面临着诸多挑战。

（七）高等教育的特殊性要求高等教育管理创新

自从著名经济学家舒尔茨等人提出人力资本理论后,教育资源已经被视为人力资本投资的一部分,并被列为生产性投资。全球范围内已经形成共识,教育是全局性、主导性的基础产业。早在1992年,党中央、国务院就在关于大力发展第三产业的决定中明确指出:教育是全局性、先导性的基础产业。高等教育所生产的是准公共产品,具有巨大的外部效应,即对受教育的学生、国家和全社会都具有益处。这使得高等教育具有公益事业的特性,因此不能以营利为目的。但是,高等教育又是培养高级人才的关键,为经济建设和社会发展做出贡献,因此不可能完全依靠国家财政支持。在社会主义市场经济体制下，高等教育作为一个特殊的产业需要采取某些市场机制和企业经营机制，在部分高校和部分领域实行产供销衔接，重视投入产出，重视效益，采取合理的竞争方式，等等。这些措施是高校发展所必需的。

第二节　高等教育管理的发展趋势与前景

经过对我国高等教育管理研究发展历程的综述和当前信息化管理实践活动的全面分析，结合国外高等教育管理研究的最新动态，预测未来我国高等教育管理研究的五个发展方向。

一、研究领域的渐次扩展

从 20 世纪 80 年代中后期开始，研究者就对高校管理工作进行了深入的探讨，包括教师管理、学生管理，以及其他方面。随着高校的发展，高校管理的理论和方法日趋完善，高校管理的研究也将越来越多地涉及高校、专业等多个层面上的管理。从与社会发展相结合的角度来看，学校教育制度的改革将进一步深化，学校教育的形式将更加多样化。高等教育必须与社会密切相关，高等教育管理学的研究应从高校与社会的关系、区域发展战略等方面进行。

二、更多地关注科研服务于教育决策的作用

目前，我国的高校管理学尚处于起步阶段，一些研究结果已被教育政策制订者所采用。高校管理学的发展，其研究成果在各种教育活动中的实际效能日益凸显，为更好地管理高等教育事业和准确把握高等教育的未来提供了重要的支持。因此，高校管理学对教育政策制订的作用，必将引起高校管理学研究者的高度重视，也必将成为教育政策制订机构日益关注的问题。

在"十五"时期，教育部提出了"十五"教育研究课题规划，其中涉及

高等教育管理方面的研究内容，主要有高等教育和国家创新系统建设的理论和实践与国际比较研究：一是关于高校合并与学院调整的重大理论与实践问题；二是关于高校内部管理制度改革的理论与实践；三是关于高校教育质量评价与学历认证制度的构建与国际比较。

此外，对高等教育信息化的研究，对普及高等教育的规模和速度进行了探讨；"质量"与"效益"问题的解决，将进一步促进高等教育管理学服务于教育政策制订的作用。

三、继续重视对外国高校管理理论的学习，以建立具有中国特色的高校管理理论

在今后的发展过程中，我们要不断汲取和借鉴国外先进的大学管理理念和经验，在较高的起点上建立具有中国特色的大学管理理念，尽量少走一些弯路；在此基础上，应把高校管理的理论与实践有机地结合起来，以促进高校管理的发展。在此基础上，要依托教育、心理学、管理等学科；以社会学为代表的其他学科，为高校经营提供理论支撑。除此之外，我们还要构建一套高等教育管理理论的训练体系，对目前的高等教育管理研究人员，以及大部分的高等教育管理人员和教学人员进行训练和提升，对高等教育管理专业硕士生、博士生的培养目标和课程设置进行科学合理的调整，从而打造出一支人员相对稳定、知识结构合理的高等教育管理研究队伍。

四、越来越多的人开始关注中间环节的理论

在很长一段时间内，我们都遇到了理论与实际相分离的难题，而这一难题的解决，就是对这一难题的研究。世界上许多国家的高等教育管理理论、思想、观念、流派，都是伴随着时代的发展而产生的。它们既是社会需要的反映，也是学者们的思想追求。高校管理变革是以社会为主导的，但高校管理变革的理念与追求，与社会的要求有一定程度的不一致，也有可能与社会的要求相去甚远。为此，我们需要在理论上加以筛选与修改，也就是要针对

某一类管理变革，设计出一系列可以应用于实际的管理变革。它并非纯理论的扩展，亦非实践中的经验归纳，它是一种介于两者之间的中介理论。它的特色在于：以实际为依据进行设计，可以操作。并且能够很好地将理论与实践相结合。中介性研究是把理论应用到实践中的一座桥梁，它也是今后一个重要的研究方向。

五、要把定性与定量相结合

在高等教育管理研究中，质的研究和量的研究是密不可分的。质和量的相互联系是构成事物的基本要素，它们既有相互独立的方面，又有相互作用的方面，两者是不可分割的统一体。在今后的高等教育管理研究中，应当重视质量与数量的有机结合，特别是要在质的研究上加强对量的研究，以使高等教育管理研究更加科学化、客观化，更符合实际情况。

第三节　高等教育管理的创新与改革

一、高校管理工作的创新的重点内容

随着 21 世纪的到来，我国高等教育改革不断深入，这对高等教育管理工作提出了新的挑战。为适应和服务于高等教育改革的需要，高等教育管理需要寻求创新的突破口。高等教育管理的创新包括多种形式和内容，但是它们都不是孤立的。任何一项高等教育管理的变革，都离不开国家的宏观决策，也离不开管理者对当前高等教育的客观判断，更离不开对未来发展的科学预测。这就要求高校的管理创新必须具有开放性。在这个系统中，要使改革的形式与内容得以充分体现，使改革的初衷得以实现。高校管理创新的制度应该包含如下几个方面：

（一）创新教育观念

没有具有时代性的教育理念，高等教育的改革和发展是不可能的。高等教育的发展与理念的革新是分不开的。高校发展的战略规划和办学思想，都是理念创新的一种。只有在理念上进行创新，管理上才会有创新。为使我国的高等教育更好地适应这一新的发展趋势，我们应该在新的历史条件下，解放思想，与时俱进，进行教育理念的创新；在 21 世纪，要树立符合我国经济和社会发展要求的教育观念。主要内容有：第一，树立科学发展观，全面、协调和可持续发展。二是建立"法治"和"德治"并重的法律制度；三是以理念为指导构建高校国际化的管理体系。

（二）革新管理体制

高校体制改革是当前我国高等教育发展的当务之急。尽管对高等教育管理体制进行了变革，但是变革的深度和广度都不能与高等教育事业的发展需求相匹配。政府和高校是高等教育管理的两个主体，必须建立良性互动关系。

在政府层面，要简政放权，推进依法行政，加快政府职能转变，减少政府行政性审批，使高校能够更多地自主办学。同时，要积极发展民办高等教育，实现办学体制的多元化，共同推进公办和民办高等教育的发展。在高校层次上，要充分发挥学术组织或学术群体在决策过程中的作用，并对多种科学的决策方式进行探索。在此基础上，提出了构建高校行政权和学术权的"二元"体制，并构建了高校行政权和学术权的运行机制。推动管理中心向下转移，使得"分权"与"放权"具有可能性与可行性，激发了基层管理者的积极性、主动性与创造性。

（三）坚持"以学生为本"

在社会与时间的变迁中，企业经营的因素越来越多，但是企业经营的首要因素，也就是企业经营的核心因素，不但没有改变，反而愈来愈突出；这里有一个因素，叫作"人"。随着对人性的探索、对人才的探索，"以人为本"思想的内容也日益充实，即要激发人的主体性，要尊重人的价值，要挖掘人的潜力：人之智、人之质、人之长。高校的管理主体、管理客体和管理目标均为"人"，高校肩负着培育社会主义建设接班人的重任，其主体定位在"人"和"本"上，呈现出师生二元结构，即"人"和"人"的关系。为此，高校管理在任何时候都要以人为中心，即："以师为中心""以生为本"，把管理与服务、管理与育人有机地融合在一起。

（四）实施人才发展战略

面对日益激烈的国际竞争，我们要大力提高科学技术、教育水平，加快人力资源特别是人力资源的开发与利用；从而提高我们在人才方面的国际竞争力。一方面，要制定并实施引进、利用、培育的制度；加强对人才的储备、加强对人才的智力投入、健全激励机制，为优秀人才的健康发展创造良好的社会与体制环境；建立一个同时满足当前工作需要和持续发展需求的人才库，扩大我国的人才储备，避免和减少高级专业人才的流失。另一方面，要树立国际化的观念，加强与国外的交流和合作，培养面向国际市场的专业人才；采取多种形式，吸引、引进、使用国外的杰出人才。在经营上，要提高人才素质，发挥人才的聪明才智，将人的才能发挥到极致。在用人的原则上，要重视"德"能，构建竞争上岗的优胜劣汰机制，达到能者上、庸者下的目的，构建出一种能力水平的运行机制。

（五）提高质量与效益

为了提高高等教育质量和办学效益，需要实行一系列的改革和创新措施。首先，需要确立新的质量观念，建立科学的教学质量标准。其次，要在培养模式、课程体系、教学内容、教学方式等方面进行全面的改革和创新；同时，运用网络教学、智能教学等新型教学手段与技术，以提升教学质量与效率。最后，要注意人力资源的效率和经济效益，在提高教育质量的同时，也要确保高等教育的可持续发展。总的来说，提高高等教育质量和办学效益需要全面深化改革和创新，不断推进教育教学模式和内容的更新和升级，利用新的技术手段和管理方法，提高教育质量和效益，确保高等教育的可持续发展。

（六）推进科学管理

高等教育是一个日新月异的领域，传统的管理方法已经无法适应现代经济时代的需求。因此，高等教育需要进行科学的管理，以确保各项管理工作都能遵循管理科学和教育科学的特点和规律，实现制度化、秩序化、规范化、民主化和效益化。具体而言，高等教育管理需要在以下三个方面进行创新：

首先，要从根本上提高高校法治水平，构建科学、合理的高校法律制度，加大高校法律制度建设的力度；为保障高校办学的合法、规范，必须大力推进高校法治建设。

其次，要实行高校的民主管理，健全高校的教职员工代表大会、政务的公开制度，提高高校的学生自治水平；要使高校教师、学生都能充分地参与到学校的管理工作中去，特别是在各种重要问题上，使大学的决策更加民主、更加科学；使民主管理制度化、全面化。

最后，要对管理手段和方法进行创新，对各种预测方法、风险决策方法、数学模型和计算机网络的开发和应用进行充分的重视，构建一个高等教育管理的新平台，推动高等教育管理手段的现代化和科学化。高等教育管理创新体系内容繁复多样，需要在管理实践中不断总结。总之，高等教育管理的创新对于提高教育质量和办学效益具有重要意义，只有通过战略管理和知识管理相结合的方式，结合当前经济时代的高等教育发展特点，才能推动高等教育管理不断创新和发展。

二、高校管理改革的具体举措

管理是一种科学，也是一种艺术。从世界经济、社会、文化发展的历史来看，创新是管理的核心。高教管理牵涉到人、财、物等多方面的要素，只有将各要素进行最优组合，才能实现高校的最大效益与社会效益。在一定程度上，大学的科学管理离不开管理创新。

在管理上的创新，就是要建立一种全新的、更为高效的方式来进行资源整合。它既可以是一个全面的管理，也可以是一个具体的资源整合、目标设定等具体的管理。在高校管理学中，可以通过以下几种方式进行管理创新：①根据实际情况，制订一套切实可行的、新的、符合实际情况的战略计划。②建立一套能保证高等教育各项工作有条不紊、高效运行的新型行政组织。③为促进高校发展，提供一种新的、具体的、能有效整合高校资源、实现高校可持续发展目标的管理模式。④构建符合我国高校现状的新型办学模式，并在此基础上，构建基于办学目标的办学体制，使办学资源得到最大限度的优化配置。⑤管理体制的创新，高校管理体制是高校资源整合的一种准则，对一切行之有效的管理体制进行改革，是高校管理体制改革的一项重要内容。

（一）新时代背景下的高等教育管理创新方式

1.坚持与时代同步，对高校经营思想进行积极的改革

现代高等教育的发展要求在教育观念上不断地进行突破和革新，要想推动现代高等教育发展，最重要的就是要进行高等教育管理理念的创新。虽然传统的高等教育管理方法是高等教育管理的重要内容，但它已经不能完全满足时代的需求，必须与时俱进，积极进行管理理念的创新。高校管理变革，既是对传统基层管理内涵的充实与拓展，又是对基层管理理念的更新与完善。

在高等教育基础管理中，管理创新是其最终归宿点，但它也是管理实践过程的产物，是社会历史发展的必然结果。因此，推进高等教育管理创新，正确处理传统管理与创新管理的关系，对于提高高等教育管理效率和管理质量至关重要。

首先，要认识到高校经营与政府经营在本质上的不同，认识其特殊的内涵及普遍的规则。为了适应社会政治、经济和文化发展的要求，必须对高校的教育职能进行重新定位。其次，要树立服务观念，关注教师合理的精神与物质需求，做好教育与科研的"保障性"工作，使学校内部各因素协调发展；第三，要落实"人本主义"的教育与管理理念，要树立以人为本、以生为本的人文理念，体现平等与民主的精神，要尊重教师与学生的个性差异、思想认知差异、生活方式与行为习惯的差异。最终，我们要对高校管理工作的本质属性有一个清晰的认识，要营造一个充满活力、积极向上的校园氛围，将管理育人、服务育人作为每一位高校管理工作者的神圣责任。

2.坚持变革思想，切实推动高教管理体制创新

要推动高校的管理创新，就必须要主动地进行高校的管理观念的创新，把创新的教育管理、创新的人才培养作为高校的主要目标。要做到这一点，就必须把理念创新作为引导，把制度创新作为保证，把教学内容和教学方法的改革作为核心，把培养学生的实践能力和创新精神作为重点。我们必须坚持与时代同步，以求在高校管理中不断创新。高校经营的创新，有赖于高校经营理念的创新，只有不断更新高等教育管理理念，紧跟时代发展，才能为高等教育教学改革注入新的活力。

为了推进高等教育的可持续发展，高校要确立自己的办学理念，确立自己的发展定位，确立自己的特色，建立自己的发展理念，建立自己的教育理念，不断推进自己的教学改革与发展。高校应与目前我国高等教育大众化的背景相结合，围绕"办一所什么样的大学"和"怎样办好这所大学"这两大命题，对办学指导思想、学校定位、办学思路和人才培养模式进行明确，从而进一步加强学校的办学特色，最终实现高校的健康可持续发展。在此基础上，提出了一种新的教育管理模式，即在新的历史条件下，高校的管理模式是一种全新的、有活力的、可持续发展的教育观念；要积极地深入到社会中

去，开展广泛而科学的调查，及时发现并解决问题，这样才能更好地发挥高等教育在国家创新体系中的作用。

由于我国高等教育管理制度的制约，社会大众对高等教育的需要一直未能得到满足，为了满足公众对高等教育的需求，需要坚持改革理念，有效推进高等教育管理制度的创新。创新的过程需要依托新的教育方式（如远程网络教育等）和新的教育理念（如素质教育、终身教育等），以满足公众的高等教育需求。

高校管理体制改革的核心是构建与高校发展要求相适应的办学体制。在这个过程中，要对教育管理工作中出现的各种情况和问题进行分析和总结，并积极地制订出新的教育管理制度，以确保教育管理工作可以做到有据可循、有法可依。教育管理制度的创新，既是实现教育管理现代化、法治化的一个重要标志，又是提升教育管理工作效率的一种重要手段。因此，要推进高等教育管理创新，必须坚持改革理念，有效推进高等教育管理制度的创新。

3.坚持改革管理方式，加强对创新型人才的培养

高等教育管理制度的创新，是大学制度变革的一个重要方面，也是从传统高等教育向现代高等教育转型的根本标志。要实现高校办学体制改革，必须从三个方面着手：

首先，要树立"以人为本"的思想，建立一套"情理法律"相结合的高校管理体制；设计一个富有智力、可扩展性的组织结构系统，建立一个以正确价值观念为核心的团队。要营造一种和谐的、相互促进的、公平竞争的工作环境，形成一种有利于创新型人才成长的、富有人情味的教学与管理体制。在教学计划、课程安排、教学和考核方式等方面，赋予教师足够的自主权，用一种科学而又灵活的教学评价指标来对教学工作进行检查，对教师的教学创新和学生的学习创新进行激励。

其次，我们必须突破计划经济时期遗留在国家行政组织中的组织形式与运作模式。根据现代高等教育的发展要求，建立教育行政组织，确立办学模式。切实推动"党委领导、校长行政、教授治学、民主管理"的高校管理体制的建立和完善，保障专家学者在相关学术事务中的决策参与。针对当前高

校的特点，继续健全高校办学体制体系，推动高校办学体制的科学、高效，是进行中国高校办学体制改革的基础。

再次，要积极完善高校管理的监督约束机制，只有建立起一套健全的、强有力的监督约束机制，才能不断规范高校管理，推动高校管理走上制度化轨道。与本校的办学实力以及学生的实际情况相结合，对学校的发展方向和发展目标进行明确，根据社会对人才的需求来制订人才培养的总体计划，对专业和课程进行设计。然后是积极优化高等教育管理资源的配置，坚持传承优良的传统，这是打造独具中国特色的高等教育管理创新模式的基础。通过制度创新，积极调动、组织、协调高等教育管理资源，提高资源配置的效率，推动高效、高质的高等教育管理工作的实现。

最后，是构建更高效、更有活力的教育管理机制，适当降低教育管理的重心，充分发挥院系的主观能动性，实现学校内部管理体制创新和学校教育管理体制改革的有机融合。

4.创造性的人才培训方式

高校为了更好地为提供更多的高素质的人才，就必须进行人才培养方式的改革。首先，要适应社会对高质量人才的要求，从提高学生的知识能力结构、提高学科的综合化、拓宽专业的广泛性、提高专业的实用性等四个角度进行创新，为学生的将来提供一个更好的学习氛围和教学平台。其次，要建立更为灵活、富有弹性的教育行政体制，推行学分与选修制，使各有爱好与专长的同学，在选修课上享有较大的自主权。再次，要改变"重理论轻实践""重知识轻技术"的传统教学模式，强化对大学生动手能力、创新意识和创造力的培养，重视对大学生的就业、创业等方面的教育，使他们顺利地实现自身的身份转换，从而增强他们的社会适应性。最后，应该对考试评价机制进行健全，具体内容有：对学生的思想品德、学习成绩、身心素质和个性特长等方面进行评估，以提供科学的指导和反馈，促进学生自我发展和社会的选人用人。

5.结合新经济时代需求加强高等教育的管理创新

在新经济时代，高等教育的管理创新成为不可忽视的问题。随着科技的不断进步，创业精神和创新已经成为推动新经济时代发展的重要动力。因此，高等教育的管理创新需要适应这个时代的需求，实现更好的发展。在管理创新方面，提高管理适应性是有效管理的关键。因此，高等教育事业的发展必须以提高适应性为前提。此外，考虑到当今社会知识更新速度很快，单纯增加学时已经不能满足知识生长的要求，因此需要更新课程内容和突破常规。高等教育教学计划需要贯彻自助式活动课程、研究性课程和创新精神的培养。此外，新经济时代需要对高等学校师资队伍进行创新性的建设和管理。师资队伍建设和管理一直是高等教育管理的重要组成部分，而新经济时代的师资队伍管理需要运用现代人力资源管理理论，从更高层次和广度来创新师资队伍管理的形式和内容。总之，高等教育的管理创新需要与时俱进，适应新经济时代的需求，实现更好的发展。

（二）以信息技术为依托的高等教育管理创新路径

我国高等教育改革不断深入，高校正面临转型的重要时期。高校教育管理需要适应外部环境的巨大变化，以维持良好的运行状态。在信息化时代背景下，教育管理作为支持和服务教育事业的重要组成部分，需要进行现代化建设，以满足时代的要求和挑战。教育管理的现代化建设已经成为当务之急。

1.信息技术在高校管理创新中的作用

随着信息技术革命的持续深入发展，计算机信息系统不仅仅是信息存储、加工处理和传递的工具，它还在高等教育管理活动中发挥着关键的作用，给高校带来了独特的优势和无可替代的作用。信息化对高等教育管理创新的影响主要表现在以下方面：

（1）资源的最优分配

在学校的管理工作中，涉及教学、人事、科研等各个方面，对数据进行采集和处理是必不可少的。在信息时代，通过对一次数据的采集、处理，可以使学校各个部门之间的数据资源共享，从而达到资源共享、协同办公的目的。校园网络能够提供多种网络服务：信息发布，管理信息系统、图书情报系统，举办视频会议、网络教学等。与此同时，计算机信息网络也在逐渐实现无纸办公，利用新信息技术的手段，不但可以节约大量的人力、物力，还可以全方位地提升工作质量和工作效率。

（2）优化组织结构

信息化技术可以帮助高校优化组织结构，实现各部门之间的信息共享和协同工作，从而提高组织协同效率和管理效益。此外，信息化技术还可以帮助高校实现人员素质的提升，提高员工的信息素养和信息技能水平，为高校的发展提供有力支撑。总之，信息化技术已经成为高等教育管理的必然趋势，对高等教育管理创新具有重要的影响和推动作用。高校应该积极推进信息化建设，加强信息化管理，发挥信息化在高等教育管理中的优势和作用，提升高等教育管理水平和服务质量。

（3）促进领导决策的科学化

信息化时代的高等教育管理可以采用数据挖掘、模型预测等技术手段，对大量的数据进行深度挖掘和分析，从而为高等教育管理提供科学决策支持。同时，信息化技术还可以实现管理流程的标准化、自动化和可视化，提高决策效率和决策精度。

（4）推进高校政务公开工作

对于招生就业资料，财务收费标准，物资采购招标；人才引进，教学组织，会议通知；重大活动安排、校领导接待日等问题，只要是不涉及学校机密和会影响到稳定的校务，都可以在校园网中进行公开，从而增强了信息交流，明确了工作流程；提高了工作的透明度，方便监督。这样，不仅可以使行政管理的权力使用在广大群众的监督下，还可以实现对内部管理的严格控制，培养出严谨务实的工作作风。

（5）提高管理人员的素质

信息技术的出现，使得信息技术与教育管理工作的融合更加密切，给管理者带来了巨大的影响。随着计算机技术在高校管理中的应用越来越广泛、深入，管理者们的电脑操作水平也在持续提升，他们的管理理念也在逐步改变，从而提升自己的管理水平。

三、信息技术条件下高校管理创新的内涵

信息化条件下的高等教育管理创新，是在现有的高校管理模式下，以软

件和硬件为技术依据，所进行的一项综合性的系统工程。为了适应信息时代，高校要进行管理思想和理念的创新，要进行管理组织形式的创新，要进行管理人才资源的创新，还要进行管理方法的创新。从管理功能上讲，要实现决策、组织、控制与协调；从管理流程上讲，要对计划、执行、考核、总结等环节进行改革。而且，在每一个具体的管理职位和管理对象上，都有可能实现创新。在信息化时代，高校管理需要充分利用信息技术的优势和功能，推进数字化、网络化和智能化的创新，以提高管理效率和服务质量，促进高等教育的持续健康发展。

（一）管理观念创新

管理观念的创新是任何组织都必须重视的重要问题。随着时代和环境的变化，传统的管理观念和方法已经不能适应当前的需求和挑战，需要不断地进行创新和改进。高等教育机构也不例外，他们需要不断地更新自己的管理观念，以适应快速变化的教育环境。在这个过程中，教育信息发挥着重要的作用。通过不断地收集、整理和分析信息，高等教育机构可以更好地了解外部环境的变化和内部的需求，发现问题和机遇，并加以利用。同时，高等教育机构也可以通过信息共享和合作，提高自己的创新能力和应变能力，从而更好地满足学生和社会的需求。然而，管理观念的创新不仅仅是信息的收集和分析，更重要的是要有一种开放的思维和文化，鼓励不同的观点和想法的交流和碰撞。高等教育机构需要打破传统的学科和职能界限，鼓励跨学科的合作和创新，创造出更加有创意和有效的管理方法和模式。

（二）组织形式创新

随着信息技术的不断进步，高等教育机构的自身组织结构也在发生变化。一个显著的变化是，高等教育机构的组织结构呈现出扁平化的趋势。一些高等教育机构已经开始实行院系目标管理责任制和经费总额动态包干等新的管理方式。这种方式下，高等教育机构可以更好地将管理的重点转移到各个院系上，并给予各个院系更多的授权，从而降低了管理的重心，调动了院系的办学积极性，并取得了良好的效果。这种扁平化的组织结构的实现，得益于信息技术的飞速发展。通过纵横交错的信息渠道，高等教育机构可以更加灵活地变化和演进。相比传统的组织形式，扁平化的组织结构更加适应快速变化的教育环境，能够更加迅速地响应社会和市场的需求，提高应变能力和创新能力。

（三）管理制度创新

科技与信息化的管理，对企业的管理方式与领导方式提出了新的要求。在信息化时代，管理要求以工作目标为中心，进行信息交换和目标管理，使管理系统与技术系统更加密切地融合在一起，这就对管理者的素质提出了新的要求，并对管理人员的组织结构进行了变革。在信息化时代，一些高校的管理人员数量过多、素质不高，这会导致学校缺乏活力、人员流动性大。只有在管理体制上进行改革，削减不必要的人员，调动管理者的工作热情，才能满足信息时代的需要，推动高等教育的发展。

（四）管理方法创新

管理方法是管理工作中非常重要的一环。因此，要适应信息技术的发展，就需要对已有的管理方式进行全面的剖析，并按照新的管理理念、组织结构和体制，对其进行集成与创新。例如，利用网络招生的方式，高校能够足不出户就完成招生任务。这样既便于教育行政部门的监管，又便于广大群众对考试结果的评价，同时也便于学生的查询。并为学校节约了大量的人力、物力和财力。

四、多维视角下的高等教育管理创新

（一）信息技术条件下高校管理创新之路

在信息化时代，高校管理必须与信息技术有机地融合。推进教育管理信息化是实现高等教育管理创新的重要手段。随着信息化技术的不断发展，高校管理信息化水平不断提高，学校管理流程逐渐数字化、网络化、智能化。

这样的推进过程实质上是高等教育管理内涵不断深化和充分表现的过程。通过信息化手段，高校管理者可以更好地进行信息收集、分析和处理，加快决策速度和精度，提高管理效率和质量，推动高等教育管理的现代化和科学化进程。

1.建立配套的信息化管理投入机制

建立信息化管理投入机制是高等教育管理创新的关键之一。为了推进信息化时代的发展，高校需要建立相对稳定的投入机制，同时增加信息化管理的资金的增量投入，装备好先进设备。高校还应加大对优秀管理人才的资金投入，营造一个有利于培养高质量的管理人才的工作环境与气氛。唯有如此，高校才可以继续稳步发展，提高其信息化管理水平，成为推动高校管理创新过程中的一个重要动力。

2.健全 CIO（Chief Information Office，信息主管）负责的管理机制

把学校内部的改革和信息化建设结合在一起，有计划、有步骤地进行管理创新，选拔出一批具有创新意识的人才进入到管理团队中，这是推进高等教育信息化的重要环节。尤其要在各领导层设立具有创新意识的 CIO，建立一支稳定的信息队伍。目前，校园网络覆盖面越来越广，信息量也越来越大，因此及时、准确、高效地进行信息管理是非常重要的，这就要求有一个 CIO 系统来保障。唯有建立起一个完善的 CIO 管理体系，我们才可以自觉地从高校管理的视角来收集、分析和处理这些数据，然后将这些数据运用到学校的管理决策之中，从而将 CIO 的角色从技术管理型转变为战略决策型。同时，高校还应该加强对 CIO 和信息队伍的培训和管理，不断提升其信息化管理水平和综合素质，以适应信息化时代的发展需求。

3.建立灵活的管理协调机制

高校在进行管理变革的同时，也面临着管理对象、管理方式和管理手段的变革。这就要求企业的经营体系能够进行自身的调整与改进，并且能够在内部进行持续的整合，从而使企业始终处于一种高效率、高活力的状态。其具体表现为：一是多目标的协同，要突出重点，并与其他企业进行协同；其次，是组织内部的组织协调，包括学校与院（系）一级的行政组织纵向的协作，领导与执行者、领导与执行机关之间的协作。通过这样的协调，可以让

管理系统上下之间、相互之间、形成一个完整的系统，从而提升管理效率。

4.创新信息管理系统的设计思路

过去的信息管理系统设计主要注重实现特定功能，实际上是简单地通过网络将多台计算机串联起来。在具体的管理实践中，要从整体上考虑，而不仅仅是关注某个部分。要将学校的理念、角色和办学目标更好地融合到支持在线决策的信息系统中，必须与学校的总体规划和现实状况相结合，对管理过程进行规范化，让信息管理系统能够在管理决策中起到很大的作用。

5.完善信息服务手段

在资讯科技发展的今天，校方对资讯资源的占有与供给，变得越来越重要。学校的公共信息资源、教学资源和管理资源等应当向全校师生员工以及社会各界提供完备的数据库和检索系统等信息服务，而不应该仅仅属于某一部门的专属领域。因此，有必要对学校各类信息进行采集、加工、处理和规划，最终数字化，以更好地向外界提供共享资源。然而，在数字化过程中，需要注意避免抄袭行为的发生，确保信息的原创性和可信度。

（二）以学生为本理念下高等教育管理创新路径

自 21 世纪以来，我国的高等教育事业取得了令人瞩目的进展。然而，面对新形势，高等教育管理面临着严峻的挑战，如过于政治化、过于功利主义、产业化倾向等弊端，需要进行改革。因此，必须坚定信仰，树立崇尚真善美的学术氛围，培养良好的学习风气，推动以知识人性为核心的高等教育管理模式的建立。

1.以人为本视域下高等教育管理本质的反思

"以人为本"是高等教育管理的核心理念，高等教育旨在为学生提供专业知识和职业技能的培训，以便他们能够更好地适应社会和经济发展的需要。在我国，高等教育包括五种类型的机构，这些机构在管理和教育方式上都有所不同。最近，我国高等教育管理取得了显著进展，新的教育方式和筹资机制不断出现，入学考试改革和管理改革也在不断推进。在这种情况下，加快树立以人为本的办学理念并认真思考高等教育管理的本质，对于应对国内外形势的变化具有重要意义。

首先，将以人为本的理念贯穿到高等教育管理中，可以有助于实现高等教育管理追求真理的目标。高等教育组织的本质在于知识性、艰深性、复杂性和继承性等特征，因此，高等教育组织的本质可以概括为学术性。学术的目的是追求真理，这是学术行为的品德要求，是高等教育管理目标的基础。

其次，以人为本的理念也可以体现高等教育促进人性发展的本质。教育的本质在于育人，目的是促进人的全面发展和个体的自由扩展，而高等教育管理的目的在于服务于人性的塑造。高等教育管理要发挥人的潜能，发掘人的价值，培养和改造人，这是与普通管理大为不同的。高等教育管理的本质在于完善和发展人性，以促进人的全面发展。

2.当前我国高等教育管理面临的困境

（1）行政化色彩较浓厚

目前，我国高等教育存在一些问题，其中之一就是行政化色彩较浓厚。这就导致了大学被认为是一个行政组织，过分强调了大学的行政职能。但事实上，行政权对高等学校的管理与运行起着主导作用。

（2）明显的功利倾向

目前，我国高等教育存在着明显的功利主义倾向。这种倾向是将人当作工具来看待，过分追求外在的价值，而忽视了人本身的价值和长期的效益。

（3）产业化趋势日益显著

高等教育产业化问题在理论上是一个颇具争议的问题。然而，过分的工业化倾向又必然会使高等教育迷失方向。一方面，一些高校盲目追逐名人效应，聘请明星大腕兼职教授，这在一定程度上挑战和质疑了高校的纯粹性和大学精神；另一方面，一些高校一味迎合市场导向，顺势设置一些面向市场的专业，如家用电器维修、家庭教师、服装设计及剪裁等，但这些专业可以设置在职业院校，将其纳入高等教育领域并不妥当。总之，高等教育应该保持自身的独立性，而不应该把拉动经济作为本质属性。从世界各国的情况来看，尚未有发达国家把高等教育视为创收产业，因为其历史使命就是育人。

3.以知识人为中心建构高校管理模式

（1）坚定信仰

高校经营的目标是"知识人"，而"知识人"的行为必须以"真理"为标准。大学管理学的"信仰"应该是"坚持真理"。要做到这一点，就必须把科学观提升到道德观，也就是要把追求真理作为科学活动的最终目的，而这种追求又会转化为个人道德素养。这种素养又会成为求知道路上的推动力。同时，应弘扬务实精神，既不仅要注重思想层面，也要付诸实践行动。著名教育家蔡元培就是尚真务实的代表，提出了"思想自由、兼容并包"的办学理念。总之，生活和真理是互补的。知识工作者的任务是寻求、发现和捍卫真理，这一任务也伴随着我们的生活。所以，在学习与实践过程中，我们要坚持求真务实，培养创新思维。

（2）创造一种崇尚真、善、美的学术环境

冯友兰曾指出："'真'是对一句话说底，'善'是对一种行为说底，'美'是对一种形象说底。"高等教育管理应该营造崇尚真善美的学术氛围。首先，在追求真理时，要有一种排除干扰，澄清谬误，探求真相，寻求真知，致力于科学研究；把尊重真理的情感转化为人的内心行为品质。其次，以待人的道德规范作为自己的标准，真诚、孝顺、仁爱、忠信、正直；克己慎私，尽职乐群，齐家，爱国，生活，责任。通过这种方式，可以将"善"固化为一种稳定的心态与行为趋势，从而培养出一种自我约束的能力，从而营造出崇尚真善美的学术氛围。

（3）培育善于学习的良好风尚

在当今社会，学习已成为时代发展和知识人发展的必要条件。学习的形式也多种多样，包括主动探索式和发现式的学习、体验式和思考式的学习、个体性和灵活化的学习、终身性和非连续性的学习等。要培养良好的学习风尚，需要体现以下几个方面：

首先，要培养学生的自主性和创造性。我们应该转变教育观念，树立终身学习的意识，让学习变成一种终生的行为。保持积极主动的学习态度，挖掘自己的学习潜力，提高自己的学习能力。其次，在学习方法上进行创新。"学会"只是基础，再往上就是"会学"了。我们要加强创造性的学习思维，让自己能够持续地掌握最新的知识，提升自己创造新知识的能力，让自己成为一名新时代的"知识工作者"。最后，要充分运用现代化的资讯与通信科技。要提高知识的效率，提高知识的获取效率，提高知识的质量，增强知识的自主性；善于利用所获得的知识，用科学的思考方法来处理问题。

（三）社会资本引导下高等教育管理的创新路径

近几年来，社会资本在政治、管理和社会学等领域的应用越来越广泛。在教育学和其他学科中，人们对这一课题进行了广泛的研究，并取得了一些独到的、卓有成效的研究成果。将社会资本引入高等教育管理领域，可能会对高等教育管理的效果产生积极影响。社会资本是一种社会资源，它将在高等教育的经营中起到积极的作用。例如，增加高校之间的合作和交流，提高学生就业率，等等。此外，社会资本理论也为高等教育管理创新提供了启示。例如，通过构建多元化的社会网络，实现高等教育资源的共享和利用。

1.高等教育管理领域社会资本的引入

社会资本理论是一种新的分析工具，逐渐发展起来并备受关注，它的解释力在社会生活中得到了广泛的运用，并为我们理解教育与高校的发展提供了一个新的视角。在对社会资本的研究中有三种倾向：一种是个人倾向，一种是团体倾向，一种是社会倾向。布迪厄和科尔曼将社会资本界定为个人所拥有的一种可供使用的资源，并对其进行了深入的探讨。对团体或社会倾向的社会资本理论的研究重点是对团体或社会层次上的社会资本和它们的影响，着重分析特定的群体或社会如何发展以及这种公共物品怎样才有利于群体或社会的生存与发展。通过对社会资本在组织层次上的定义，对贯穿于整个高等教育过程中的信任、互惠规范和关系网络等社会资本展开研究，并与高等教育管理的特征相结合，能够有效地解决当前高等教育管理中出现的一些问题，探索出一条全新的创新之路。

社会资本在高等教育管理中的应用是与高等教育管理的特性密不可分的。在高等教育管理中，国家或政府处于主导地位，高等教育机构处于从动地位，而社会或市场则可能处于主导或从动地位与高等教育机构产生联系。高等教育机构通过与这些主体直接或间接地产生联系来融入运作过程中。这种融入是内外相结合的交错，而不是简单地添加到这些主体的各种组织中。在这个过程中，高等教育机构必须与其他社会组织、企业组织等进行信任的交换，建立互惠规范和协作网络，在高校的经营活动中，社会资本发挥着举足轻重的作用。从高校经营的对象上讲，高校经营是一个有机体，可分为公营经营和私营经营两类。这个系统要想有效地运转，就必须要有各个部分的有效发挥，并能够相互配合。社会资本是组织的一种性质和特点，它将不可避免地参与到这个协作过程中，进而推动整个系统的高效运转。因此，在高等教育管理过程中，主客体间、客体内部通过微观交互获取社会资本，以增强目标行动的效果。这种同质或异质互动都在整个高等教育管理系统的约束下进行。在此基础上，提出了一种基于社会网络的高校管理资源与标准，以促进高校管理行为的有效性。在此基础上，运用社会资本理论对高校管理进行研究，有助于对高校管理中存在的问题予以改进。在高等教育管理中，社会资本起着至关重要的作用。

2.社会资本引导下高等教育管理的创新探讨

（1）寻求高等教育管理主体间的信任契合路径。根据中国高等教育机构周围的信任来看，信任可分为政治信任、社会信任和内部信任。

政治信任是指国家政府和管理机构之间的权威信任。高度的政治信任对高等教育管理至关重要，因为政府更愿意放权并授权给其他管理主体，以实现高等教育的多元化和自主化，从而解决高等教育管理的现实问题。然而，如果政治信任低，则政府可能更愿意集权，因为它们对高等教育管理的能力存在疑虑，担心权力被滥用，这种情况下政府可能会采取越权行为。因此，高等教育管理能力是建立政治信任的关键。

在高校和社会的相互作用中，存在着一种社会信任。无论社会团体或商界团体，其与高校之间的关系均以信任为主要途径。社会与市场为高校经营的结果提供了机遇与平台，同样，高校经营也为社会与市场提供了人才与技术。所以，他们之间是相互信赖的关系。

内部信任是指高等教育管理内部高校与高校之间、高校教师之间、师生之间以及人与机制之间的信任。这种微观的信任在高等教育管理内部扮演着至关重要的角色，是实现高等教育统一协调发展的关键。因此，高等教育管理不仅是教育管理和学校管理，更深层次地说，它是一种信任管理。为了真正发挥高等教育管理的优势，必须有效地管理这些信任。

在进行高校管理创新的过程中，要始终坚持一条以政治信任为导向、以内部信任为主体、以社会信任为辅助的信任之路，并有效地构建起一座信任的桥梁，使这三个方面的信任达到最佳的匹配程度，进而从根本上寻找走出当前高校管理面临的困境的一条行之有效的途径。

（2）高校系统的互惠规范化途径

要实现中国高校管理的真正创新，必须借助外力来寻求突破，也就是要从外力、内力两方面入手。中国高等教育经营活动的外在制约因素，既有国内的，也有国外的。而企业的合作动力从社会、市场两方面来看，其活力是很强的。在这样的约束条件下，怎样充分发挥协作的作用，是高校治理体系不断完善与优化的一个重要方面。推行互惠准则是一种行之有效的手段。在处理与政府之间的关系时，高校机构能够与政府部门形成一种合作互联的关系，政府为高校的管理提供限制性资源，促进、指导、引领高校的发展；高校机构则可以利用这些限制性资源，为政府培养出某些特定的人才，从而将这种互惠机制常态化。当这一正常化机制确立后，政府就会对高校组织的发展状况不再猜疑，而是把高校组织的发展状况看作是自身的"形式性"组织，并给予相应的重视与支持，进而在高校组织中形成一种推动高校组织改进的无形力量。在与社会和市场的合作中，"互惠原则"的作用就更大了，一种以制度为基础的"约定"，远胜于单纯的"礼尚往来"。把高校管理的成效与社会发展、市场繁荣紧密地结合起来，这并不是仅仅依靠自然规律在潜移默化中的影响就能实现的，而是要从一些硬性的规范上加以保障。

（3）高校网络化管理途径的建构

中国高校管理经历了近百年来的发展历程，经历了一个由国家权力主导、高校自治、各类社会团体与民众民主参与的发展时期。在此基础上，出现了两种新的治理模式：一种是多主体协同的网络治理，一种是互为协作、互为磋商的对话性伙伴关系。同时，它还体现出了"权利分享""责任分享"的"公共责任""协调发展"等理念。因此，要在政府、高校、社会三个层次上构建高等教育治理结构，就必须在政府、高校、社会三个层次上建立有效的高等教育治理结构。在中国高等教育治理中，应建立一个由政府、高校和社会等多个主体组成的"立体"的高等教育治理体系。高校应将其放置在一个完善且丰富的社会资源网络中，在这个网络中，政府处于宏观管理、充分放权的地位，而社会和市场则处于协同管理与高校创造共赢的地位。高校应当在政府、社会和市场之间穿插，通过人才交流和教育合作，构建更多的教育关系网络，充实教育资源，在与多个主体的相互作用中，更有效地实现高等教育管理的目的。我们认为，关于中国高校特殊社会资本的讨论，将会给高校管理创新带来新鲜的思路和独特的视角。

（四）全球化时代高等教育管理的创新路径

为了适应全球化的趋势，中国高等教育管理需要遵循四个主要的方针。首先，高校要树立"以人为本""和而不同"的管理观，就必须重视人的主体性，促进人的全面发展。这是全球高等教育共同的追求。

1.要树立"以人为本"的管理理念

为确立"以人为本"的管理理念，需要先落实"以生为本"，并重视"以师为先"。所谓"以生为本"，是指将学生视为高校生存和发展的核心，真正贯彻"一切为了学生，为了一切学生，为了学生的一切"的办学理念；在管理中，要以促进学生和谐发展为出发点和立足点。在这一理念的支持下，需要制订出一个对学生的发展有利的培养目标，构建出一个可以让学生的共性和个性得到协调发展的课程体系，创造出一个多样化的、具有鲜明特色的人才培养模式，并在这个过程中，建立起一个以生为本、师生平等、教学自由的校园文化。"以师为先"是对教师工作价值的肯定，对其智力与才干的充分发挥，对其学术自由的尊重，对其在大学学术活动中的主导性作用的肯定；增强教师参与办学的积极性、可行性，关怀其工作、生活，改善其福利，重视其前程与发展；给他们机会，让他们发挥自己的才能。

2.要确立"和而不同"的管理理念

"和而不同"是一种开放平和的管理理念，需要我们以一种开放性的态度来看待外国的管理思想与方法，辩证地看待它们的优劣，并在此基础上，有目的地吸收那些有益于我国高校发展的有益因素；在管理上达到中西方的优势互补，沟通融合。同时，它还强调了在借鉴国外先进经验的同时，不要迷失了自己，要"拥抱世界""立足本土"，并与中国实际相结合，走出一条中国特色的大学管理道路。

其中，以"效率"为核心的管理思想，注重管理流程的科学化、规范化，这一思想对解决中国传统高校管理中存在的主观性、随意性较大的弊端具有十分重要的指导作用。人文管理思想是一种重视个体自我发展、重视个体参与组织决策的思想，这一思想对克服中国高校管理中重视"群体"而忽视"个人"的弊端具有很大的启发作用。在后现代主义的教育思想中，多元一体化的管理观强调对话、理解、沟通；阐释管理中的"平等"功能，对解决中国传统高校管理中过于集中而缺乏民主的困境，也起到了一定的导向作用。

中国拥有悠久的文化，其中蕴含丰富的管理智慧。例如，"以德为先，以德治国"的管理思想注重道德感化和价值引导，在当今强调功利主义的管理环境中，更凸显其现代价值。"以和为贵，中庸为道"的管理智慧则对于复杂多变的内、外部高校环境实现自我和谐，具有深刻的启示意义。

3.构建高校"自主灵活""宏观调控"管理体系

在中国高等教育的发展过程中，为了更好地应对全球一体化的挑战，必须正确处理国家、地方政府、高校以及社会这四大利益相关者之间的关系。在这个过程中，中央与地方之间的关系需要向宏观调控与政策导向的方向发展，摆脱传统的行政干预与计划命令的模式。同时，需要进行组织协调、提供情报服务和进行考核督导。另外，还需要落实大学的法人地位，使大学成为一个独立而灵活的办学实体。

因此，无论是国家还是地区，都应在此基础上，进行更多的规范。规范的内容有：制订发展规划，统筹资金预算，设立教育机构等；制订各种认证和学位的标准，监督质量标准；等等。从区域层面看，要转变职能，加强协调，实现协调区域高校与区域经济和社会发展的和谐关系。

同时，要切实履行学校的主体责任，使其成为具有一定的独立性和灵活性的学校。在此基础上，提出了建立大学与政府间合同关系的设想，并提出了加强大学在人员管理、机构设置、专业设置等方面的对策。与此同时，各类型的高等院校也必须依法建立自己的校规，并依照校规实施办学自主权。通过对招生考试制度和招生制度的改革，提高教学质量，加强内部管理制度的改革，提高大学的主动性、灵活性和有效性，从而使大学更好地适应社会。社会中介组织能够起到政府和大学之间"缓冲地带"的作用，让各种类型的教育中介组织都能参加到高等教育的质量评价和监督中来，完善社会参与治理机制。

4.健全高校"刚柔相济"与"内通外联"相结合的管理体制

"刚柔相济"是指在高等教育管理中，需要将严格的制度管理与宽松的管理氛围相结合。要切实推进高校经营管理工作的发展，就需要构建完善的体制机制。

在构建大学的制度体系时，应注意三个层次的构建：在核心制度上，要把大学与政府、社会的关系理顺，把大学的自治与学术管理的思想付诸实践。从总体上看，应完善高校内部的民主管理体制，改革高校内部的权力配置，加强高校内部的学术权力；从具体的制度安排来看，要构建分工明确、合作有序、责任明确的高校法人制度、组织人事制度、教育科研制度、学科建设制度和学术保证制度。

要清楚地认识到，强化制度的目的并不在于约束人们的行为，而在于使人们的思维得到解放，使人们的行动得到指导，使人们的潜力得到释放。所以，在每一种制度的设计中，都要体现人性，弘扬民主，真实反映人民的意见。在实施过程中，要使每个人都有一种轻松愉快的感觉，使管理具有人性化、弹性的特征。总而言之，要用和谐的理念和方法去关怀人、激励人，让高校管理变得更加人性化、科学化、规范化。

"内通外联"，即在与国内有关制度衔接的同时，要加强与国外有关制度的衔接。高等教育的国际合作包括教育、商务、外汇、外交和出入境管理等方面。为此，各行政主管部门在制订、完善有关行政管理的法律、规章时，应加强协调与沟通，避免法律、规章之间的矛盾，做好"内通"工作。

做好"外联"工作，要在尊重我国教育主权的基础上，根据国际惯例，修订完善相关法律法规，出台相应的实施细则。在此基础上，要按照国际高校协作组织的有关规则和标准，抓紧建立专门的高校协作体系。比如，修改学位制度，制订外国高校在中国的教学资质标准，以及对中国的教学质量进行评估；为使中国高等教育的法律、管理体系与国际接轨，制订学分认定、转换标准、规范等。这将有助于中国的高等教育与世界标准接轨，提升中国的高等教育在世界范围内的影响力。

5.创建"信息共享""高效透明"的高等教育网络化管理模式

"信息共享""高效透明"的高等教育网络化管理模式是指利用信息技术手段，建立高等教育资源共享和管理的信息化平台，实现信息共享、数据统一、信息互通和高效透明的管理模式。为此，需要采取以下措施：

首先，要加快创建和完善高等教育的信息共享网络平台。要根据中国《教育信息化十年发展规划（2011—2020）》的总体部署，推进中国教育管理信息化的建设。其次，各个信息收集统计责任单位应该严格遵守教育信息化的标准，确保数据的口径、信息编码格式等方面的标准一致，从而实现信息共享，并提高信息资源的利用效率。最后，通过与国际高等教育质量局、亚太地区高等教育质量网等机构的联系，获得国外高等教育质量、教学质量等方面的真实数据，并将这些数据及时公布给社会大众，为我国高校进行跨国高等教育合作，并为留学生申请出国深造或选择其他国外高等教育交流合作项目，提供准确、及时的信息参考。

另外，要真实反映我国高校的办学现状，人才培养特色，研究水平；在具有一定影响力的国际和区域性机构的网站上，及时、准确地发布有关中国高等教育发展的政策和环境方面的信息，以便更好地展现中国高等教育事业的发展成果，使全球更好地认识中国的高等教育事业，同时也能更好地吸引外国一流大学和中国一流大学进行合作。吸引更多优秀青年赴中国高校深造或参与各种形式的交流。通过信息共享、高效透明的管理模式，实现高等教育管理的现代化和国际化。

其次，通过为了推动高等教育管理和服务流程再造，现代网络技术已经改变了传统管理模式并完善了高等教育信息公开制度，从而实现了"高效透明"的管理。在实现"高效"方面，除了加强信息网站建设，还应充分利用微博、微信等新兴网络工具，让公众随时获取相关信息；而为了实现"透明"，则需要推进"阳光管理"，促进管理的民主化和透明化。为此，需要完善高等教育信息公开制度，制订实施细则，明确相关信息的公开范围、决策权、期限、法律责任等规定。同时，需要加强对高等教育信息公开的监督和激励，将信息公开工作纳入高校评估的重要内容，督促教育管理部门和高校切实履行"公开为原则，不公开为例外"的要求。在信息公开方面，除了确属于国家秘密依法不予公开的信息之外，高等教育招生办学资质、教师评聘、专业设置、教学质量、学生奖助学金、学生就业等方面的数据等信息都应尽可能详细地公开。

五、教育管理研究前景

纵观我国高等教育管理研究的发展历史，全面分析当前正在进行的管理实践活动的走向和国外高等教育管理研究的最新状态，展望未来，我国高等教育管理研究将有以下五大趋势：

（一）研究范围逐步扩大

我国高等教育管理研究开始之初，研究主要集中在教学管理和科研管理领域。自 20 世纪 80 年代中期以来，研究范围扩大到了对学校办学自主权、教育评估、校内管理、师资管理、学生管理等的研究。随着高等教育事业的发展以及高等教育管理理论和方法的日趋成熟，学科专业和学校办学水平这一层次的管理问题的研究将会更加受到重视。为了适应社会的发展，办学体制改革将得到进一步深化，办学模式会呈现更加多元化的趋势，但是，高等教育适应社会的发展，加强与社区的联系是它们的共同走向。因此，高等教育管理研究将会扩展到高等院校与社区关系的协调、区域高等教育发展战略的实施等问题。

（二）越来越重视发挥研究为教育决策服务的功能

我国高等教育管理研究工作开展初期，研究成果部分地被教育决策部门所吸取和采纳。随着高等教育管理研究工作的进一步发展和我国高等教育事业发展的需要，高等教育管理研究成果科学性、可操作性程度的增强，其实际效能在各种教育活动中日益凸显出来，并发挥着重要作用。为了更好地、更科学地管理高等教育事业，准确把握高等教育的未来，高等教育管理研究为教育决策服务的功能将被高等教育管理研究者所关注，特别是教育决策部门会越来越重视发挥这个功能。在"十五"期间，集中于高等教育在适应知识经济、改革中所需解决的理论与实际问题，教育部提出了"十五"教育研究课题规划，与高等教育管理相关的课题主要有：①高等教育与国家创新体系建构的理论与实践及其国际比较研究；②世界一流大学的形成与发展研究；③高等教育大众化与高等教育体制改革研究；④我国高等学校兼并与院系调整中的重要理论与实践问题研究；⑤高等学校内部管理体制改革的理论与实践研究；⑥我国大学教育质量评估和学历认证体系的建构及其国际比较研究。此外，高等教育管理的信息化研究，大众高等教育的规模、速度、质量和效益研究等课题的完成都将会推动研究为决策服务功能的实现。

（三）继续重视借鉴国外高等教育管理理论与创建中国特色高等教育管理理论体系相结合

由于我国高等教育管理研究起步较晚，目前所形成的高等教育管理理论体系尚有待健全与完善。今后一段时期内，还要继续吸收西方最先进的高等教育管理的理论与经验，以便在高起点上创建中国特色高等教育管理的理论，尽可能地少走弯路，进一步注重我国高等教育管理实践与理论相结合，在实践的基础上进行理论的提升。同时，要依靠教育学、心理学、管理学、社会学等学科的理论帮助，带动高等教育管理实践更好地向前发展。另外，要建立高等教育管理理论培训制度，对现有高等教育管理研究人员、广大高等教育行政人员和教师进行培训与提高，科学合理地调整高等教育管理专业硕士、博士培养目标和课程设置，以建立一支人员相对稳定、知识结构合理的高等教育管理研究队伍。

（四）越来越重视中介性理论研究

长期以来，我们未能很好地解决理论与实践相脱节的问题，关键是缺乏对中介环节的研究，即中介性理论研究。世界各国高等教育管理理论、思想、观点、流派是随着社会发展不断变化的，即它一方面反映了社会发展的需求，另一方面体现了学者的理想和追求。高等教育管理改革的主要推动力来自于社会，而学者们的理想和追求或部分符合社会需求，或完全不符合。这就要进行理论上的选择与修正，即为某种管理改革专门设计一套可用于实践的理论。它既不是纯理论的延伸，亦非来自于实践的经验总结，而是介乎于二者之间的中介理论，其特点为：一是从实践出发设计理论；二是具有可操作性；三是理论与实践结合得比较好。中介性研究是理论通向实践的桥梁，是未来的一个重要研究趋势。

（五）注重质的研究和量的分析的有机结合

任何事物都是质和量的统一体，任何运动状态都表现为质和量两方面的规定性，而这两方面又是相互联系而不是各自孤立的。因此，在高等教育管理研究中，质的研究和量的研究是不能截然分离的。在今后一段时期内，研究仍将继续关注二者之间如何有机地结合，在质的研究基础上，加强量的研究，从而使高等教育管理研究向客观化、科学化迈进。

参考文献

[1]马颖，范秋芳.美国高等教育管理体制对中国高等教育改革的启示[J].中国石油大学学报（社会科学版），2014，（4）：105-108.

[2]戚业国.我国高校内部管理体制改革 30 年历程、经验与发展趋势[J].中国高教研究，2008，（1）.

[3]秦发盈.我国成人高等教育管理体制的改革及发展趋向[J]现代远距离教育，2013，（2）.

[4]任燕，杨红.高等学校医学研究生教育信息化管理建设[J].山西医药杂志，2014，（20）：2450-2451.

[5]任毅，费明明，赵晓欢等.大数据在高等教育信息化改革中的创新应用[J],中国成人教育,2016，（14）：37-40.

[6]任平.高校教师教学方法运用现状调查[D].重庆：西南大学硕士学位论文,2010.

[7]涂新莉，刘波，林伟伟.大数据研究综述[J].计算机应用研究，2014，（6）：1612-1616.

[8]王薇.大数据技术下中国教育信息化[J].山海经，2016，（4）：111-112.

[9]王承军，高并发.大数据在线学习系统中的关键技术研究[D].武汉：中国地质大学，2015.

[10]李胜.大数据时代的国家社会管理现代化：模式变革与战略应对[J].南宁广西社会科学，2016.

[11]叶妮.数字时代师生互动化交往模式的实践性转向[J].长沙：湖南师范大学教育科学学报，2016.

[12]周志刚，杨彩菊.教育评价范式特征演变的向度分析[J].南宁：江苏高教，

2014.

[13]胥文勋.大数据时代高校学生管理工作信息化建设现状与对策[J].绵阳：绵阳师范学院学报，2016.

[14]潘婷.大数据时代背景下的高校学生管理工作探究[J].济南：中国成人教育，2016.

[15]任路伟.大学生"三自教育"管理模式的研究[J].武汉：科教导刊（上旬刊），2016.

[16]李爱爱.以人为本管理理念在大学生管理中的应用研究[J].兰州：兰州交通大学学报，2013.